Himmlische Ansichten

# Niederbayern

im Luftbild

Ursula Pfistermeister

# Himmlische Ansichten
# Niederbayern
# im Luftbild

Buch & Kunstverlag Oberpfalz

Konzeption, Gestaltung, Text und Fotos: U. Pfistermeister

Abbildung Seite 1: *Schloß Lichtenhaag bei Vilsbiburg*
Abbildung Seite 2: *Englburg*

*Frauenbrünnlkapelle bei Rinchnach*

Die Deutsche Bibliothek – CIP-Einheitsaufnahme

Ein Titelsatz für diese Publikation ist bei der
Deutschen Bibliothek erhältlich

**Pfistermeister, Ursula:**
Himmlische Ansichten – Niederbayern im Luftbild / Ursula Pfistermeister -
Amberg: Buch- und Kunstverlag Oberpfalz, 2000
ISBN 3- 924 350-87-6



Reproduktionen: Echtzeit Medien, Nürnberg
Druck: Druckhaus Oberpfalz, Amberg

# Inhalt

# Himmlische Ansichten
# Niederbayern

Niederbayern, das ist Waldland zwischen der Donau und der Grenze zu Böhmen, ist noch immer Bauernland von der Donau bis zum Inn und rings um Laaber, Isar, Vils und Rott. Ein Bauernland, in dem Felder, Traktoren, Mähdrescher und Erntemaschinen, Anspruch und Selbstbewußtsein größer zu sein scheinen als anderswo. Kein urbanes Land also trotz all der kleinen rührigen Landstädte und Marktorte. Und doch liegen in Niederbayern zwei Städte, die zu den eindrucksvollsten Deutschlands zählen: Passau und Landshut. Landshut, die heutige Hauptstadt, beherrscht von den Symbolen herzoglicher Macht und bürgerlichen Stolzes, aufs schönste bewahrtes Mittelalter. Passau, das so jung und südländisch heiter wirkt und wo doch die Geschichte von weit mehr als zwei Jahrtausenden ihre Spuren hinterließ und sich unter all dem Barock viel Gotisches und Romanisches, viel Römisches und Keltisches verbirgt.

Der Blick aus dem Flugzeug schenkt neben ›himmlischen‹, höchst überraschenden Ansichten auch mancherlei Einsichten. Scheint Niederbayern von hoch oben doch zum offenen Buch zu werden, dessen Seiten nicht allein das Gegenwärtige mit all den unübersehbaren Spuren menschlichen Tuns zeigen, sondern auch von einer weit in die Erdgeschichte zurückreichenden Vergangenheit berichten, vom geologischen Werden und der geschichtlichen Entwicklung eines Landstrichs, der so viel reicher und vielfältiger ist als man gemeinhin glaubt.

Deutlich zu erkennen ist von oben welch markante Grenze die bis zu 30 Kilometer breite Flußniederung der Donau zwischen den drei großen Landschaftsräumen Niederbayerns bildet: zwischen dem so auffallend andersartigen Anteil an der Alb im Nordwesten, dem tertiären Hügelland im Süden und dem im Nordosten und Osten ansteigenden Bayerischen Wald. Er ist das weitaus älteste Gebiet Niederbayerns: Existierten seine kristallinen Gesteine doch schon zu Beginn des Erdaltertums vor rund 600 Millionen Jahren. Wasser und Wind trugen die Höhen ab, lagerten anderswo Geröll, Sand und Staub kilomterhoch wieder übereinander. 250 Millionen Jahre später hob die einsetzende variskische Gebirgsbildung das alte Gebirge erneut in die Höhe. Tiefgehende Brüche wie die Pfahl-Spalte entstanden, deren ausgewitterte helle Quarzfüllung den ganzen Bayerischen Wald durchzieht. Meere, Wüstenwinde und Flüsse sorgten danach bis zum Ende des Erdmittelalters in stetem Wechsel erneut für die Ablagerung von teilweise viele hundert Meter starken Sedimenten.

*Nicht überall und nicht immer sehen die niederbayerischen Felder – maschinengerecht angelegt und höchst ertragreich – so aus wie auf diesem, im August zwischen Geiselhöring und Mallersdorf entstandenen Bild: Die Ackerflächen sind auch hier nicht klein, weitgehend baum- und strauchlos ist die Landschaft. Doch das enge Nebeneinander unterschiedlichster Grünnuancen und all der Rotbraun-, Braun- und Gelbbrauntöne läßt ein Landschaftsgemälde von eindrucksvollem Farbenreichtum entstehen.*

Die beginnende Auffaltung der Alpen ließ entlang der sich aufwölbenden Gebirgskette einen Trog entstehen, in dem sich während des Tertiärs jener Abtragungsschutt des jungen Gebirgzugs sammelte, den die Geologen als Molasse bezeichnen und der – aus einer Abfolge ganz unterschiedlicher Sedimente bestehend – dem Gebiet zwischen dem breiten Tal der Donau und den Schotterplatten der Voralpen den Namen Niederbayerisches Tertiärhügelland eintrug

Ihre letzte Ausformung, sieht man vom Einfluß des Menschen ab, erfuhren die Landschaften Niederbayerns während der Eiszeiten, die ihr vorläufiges Ende vor etwa 10 000 Jahren fanden. Die damalige Vergletscherung des Bayerischen Waldes ließ die tiefliegenden Seen und steilen Karwände am Arber und Rachel entstehen, aber auch Blockmeere wie am Gipfel des Lusen. Bei Weltenburg suchte sich die Donau ihren Weg durch die Felsbarriere des Jura. Die großen Flußsysteme von Isar und Inn brachten nicht allein das Schmelzwasser der Alpengletscher zur Donau. Sie verfrachteten auch gewaltige Schuttmengen und führten im Wechsel zwischen Aufschotterung und Ausräumung zur Bildung jener Hochterrassen und langgestreckten Höhenrücken, die das Hügelland südlich der Donau entscheidend prägen. Schließlich lagerten sich damals auch jene bis zu neun Meter dicken Lößschichten ab, die den Gäuboden zu einer der landwirtschaftlich ertragreichsten Gegenden Mitteleuropas machen.

Weit früher, schon vor etwa 100 000 Jahren, hinterließ der Mensch im unteren Altmühltal seine ersten Spuren. Mit dem Ende der Eiszeit scheinen sich die umherstreifenden Jäger und Sammler mehr und mehr in seßhafte Bauern verwandelt zu haben und schließlich wanderten, angezogen von der Fruchtbarkeit der Lößböden, auch von der unteren Donau her Ackerbauern und Viehzüchter ein. Als die Römer unter Kaiser Augustus nach Norden vordrangen, war das ganze Gebiet mit Ausnahme des ›wilden Waldgebirges‹ schon lange ein verhältnismäßig dicht besiedelter Landstrich, dessen hohe kulturelle und wirtschaftliche Blüte unter den Kelten allerdings schon im Ansturm der germanischen Sueben gegen 50 v. Chr. zusammengebrochen war.
Obwohl die Römer, die das Straßennetz ausbauten, Obst- und Weinbau einführten und zahlreiche Gutshöfe errichteten, die Donau zur stark befestigten Grenze ihrer neuen Provinz Rätien machten, hinterließ das Vordringen der Alamannen im 3. Jahrhundert ein weithin verwüstetes, entvölkertes Land, das sich nur langsam erholte. Die Macht Roms war gebrochen, auch wenn es noch ein paar Jahrhunderte dauerte, bis die nach und nach einsickernden Baiovarii im 6. Jahrhundert unter den Agilolfingern ihr Stammesherzogtum gründeten: jene Bajuwaren, denen die Bayern und damit auch die Niederbayern nicht allein ihren Namen verdanken, sondern wohl

auch etwas von ihrem, nun unter mancherlei egalisierendem Fortschrittsstreben verborgenen Charakter, in dem Beharrlichkeit und Eigensinn, Gutmütigkeit und Jähzorn, Aufsässigkeit und Wirklichkeitssinn, die Freude am Besitz, am Auftrumpfen, an der Pracht und manchmal auch am groben Draufhauen eine überraschende Mischung eingehen. Bis ins 20. Jahrhundert war es für das niederbayerische Landvolk mit Ausnahme der Waldler, die mit dem Überleben schon genug zu tun hatten, so selbstverständlich wie das Amen in der Kirche, daß zu einer richtigen Kirchweih nicht nur die derbfröhlichen, spott- und lebenslustigen ›G'stanzl‹ gehören, sondern auch eine zünftige Rauferei.

Zum erstenmal ist von diesem ›Niederbayern‹ im Jahr 1255 die Rede, als die beiden Söhne Ottos II., des Erlauchten – seit 1180 regieren die Wittelsbacher – das Land aufteilten und Heinrich XIII. das ›Niederland‹ übernahm, das sich, ohne die Besitzungen der Hochstifte Passau und Regensburg und der Grafschaften Hals und Ortenburg, von Cham bis Reichenhall erstreckte und auch das heute österreichische Innviertel umfaßte.
Natürlich ist dieses Niederbayern nicht so geblieben wie es damals war. Erst 1837 erhielt es als einer der sieben bayerischen Regierungsbezirke seine im großen und ganzen bis heute bestehenden Grenzen und steht nun mit einer Ausdehnung von rund 10 000 qkm unter den Sieben flächenmäßig an zweiter Stelle.

Zwischen 1255 und 1837 aber gab es mancherlei Hin und Her. Nicht nur Landshut, das Ludwig I., der Kelheimer, im Jahr 1204 mit herzoglicher Willkür und wittelsbachischem Machtstreben zum Schaden des Regensburger Bischofs gegründet hatte, war Residenz- und Hauptstadt: Burghausen diente zeitweilig als Nebenresidenz, und Straubing war von 1353-1429 sogar Sitz des selbständigen Herzogtums Straubing-Holland. Letztlich konnte sich das ›Unterland‹ jedoch bis zum Tod Georgs des Reichen im Jahr 1503 seine selbständige Einheit bewahren. Seit dem 13./14. Jahrhundert war es wohl besiedelt. Selbst im ›Wald‹ hatte die vom Adel und den rührigen Donauklöstern geförderte und vorangetragene Rodungstätigkeit Früchte getragen. Bürgertum und Städte begannen eine zunehmend wichtige Rolle zu spielen, obwohl Niederbayerns Landschaft noch heute weithin von kleinen Weilern und Einzelhöfen geprägt wird und die meisten Städte die längste Zeit Ackerbürgerstädte blieben. Es war jene Epoche, in der Niederbayern unter den drei ›Reichen Herzögen‹ seine glanzvollste Zeit erlebte, in der Handwerk und Kunst aufblühten, die Landshuter Plattner Rüstungen sogar für den spanischen Hof fertigten und die Baumeister so Großartiges schufen wie die gotischen Backsteinbauten von St. Martin in Landshut oder St. Jakob in Straubing; eine Epoche, in der Niederbayern nicht umsonst das ›Rosengärtlein des Deutschen Reiches‹ genannt wurde.

Nach seinem Sieg in dem mit Mord und Brand und so viel Grausamkeit ausgefochtenen ›Landshuter Erbfolgekrieg‹ fügte Herzog Albrecht IV., der Weise, Ober- und Niederbayern im Jahr 1506 wieder zusammen. Stolz trugen die bayerischen Wittelsbacher von da an den Titel ›Herzog beider Bayern‹. Draußen im Land aber hatte längst der aus den einstigen Ministerialen erwachsene Amtsadel die Nachfolge der erloschenen alten hochadeligen Familien angetreten, von denen nur die Ortenburger bis in die Neuzeit überdauerten. Rund 800 Adelssitze sind in den Landtafeln Herzog Georgs des Reichen vermerkt und noch heute ist Niederbayern südlich der Donau ein Land voll kleiner Adelssitze und Schlösser, die wie verwunschen und oft so versteckt im Grün liegen, daß erst der Blick von oben ihren ganzen architektonischen Reichtum erfaßt.

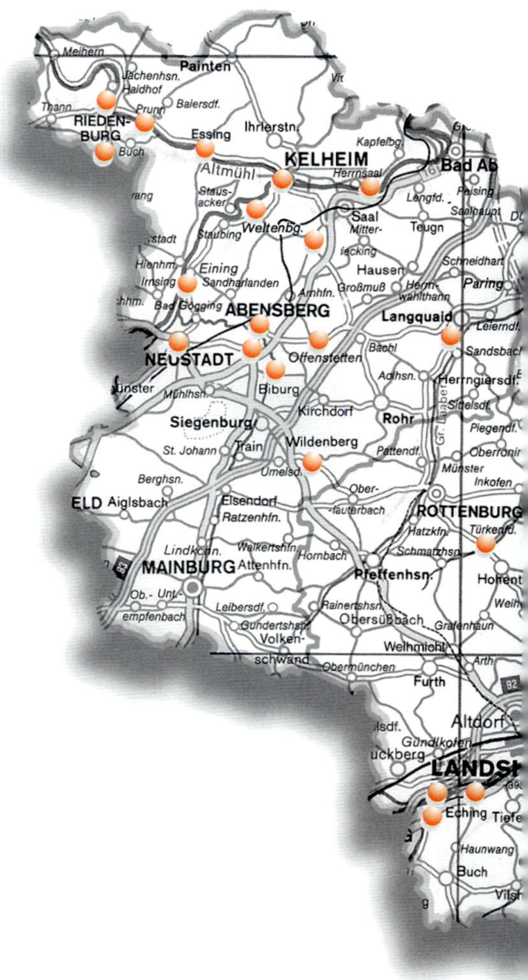


Neben Bürgertum, Adel und Geistlichkeit konnte sich die Bauernschaft im südlichen Niederbayern und zumal im Gäuboden durchaus behaupten. Von bäuerlichen Hochzeiten wird berichtet, zu denen weit mehr als hundert Gäste geladen waren. So mancher hielt sich in seinem Bauernstolz mehr Pferde als er zum Wirtschaften brauchte. Man ackerte mit Rössern statt mit Ochsen; spannte großspurig vier oder gar sechs Pferde vor den Wagen, wenn man zum Markt oder zur Kirchweih fuhr.
Im ›Wald‹ sah es anders aus. Da schätzte man sich schon glücklich, wenn man sich satt essen konnte. Es ist ja nicht zu leugnen, daß erst der moderne Tourismus einen bescheidenen Wohlstand in den Bayerischen Wald brachte, in dieses Waldland, das seine Menschen schon immer zur Arbeit in der Fremde zwang und in dem sich die Daheimgebliebenen ihr Dasein noch im 20. Jahrhundert in stetem Kampf mit einer kargen und oft genug unbarmherzigen Natur erzwingen mußten.

Im Norden wie im Süden und in der Mitte schon gleich beharren die Niederbayern auf ihrem Eigenleben. Gewachsen und nicht folkloregeschönt sind landauf, landauf die Städte, selbst Passau, selbst Landshut, von dem man gern glauben mag, daß es seine berühmte Hochzeit eher zur eigenen Freude feiert als den Touristen zuliebe.

Leicht erschließt sich dieses Niederbayern nicht, so zwiespältig wie es nun einmal ist, schon gar nicht im Vorübergehen. Doch auch wenn Herbert Achternbusch, Niederbayerns zornigster Dichter, schon vor einiger Zeit schrieb ›Wo ich lebe, ist früher Bayern gewesen. Jetzt herrscht hier die Welt.‹: Schaut man vom Flugzeug hinunter, so scheint es, als habe sich dieses Land südlich wie nördlich der Donau trotz aller modernen Veränderungen die Vielfalt seiner Landschaften, den Reichtum seiner Architektur und auch seine wahre Seele bis heute bewahrt.

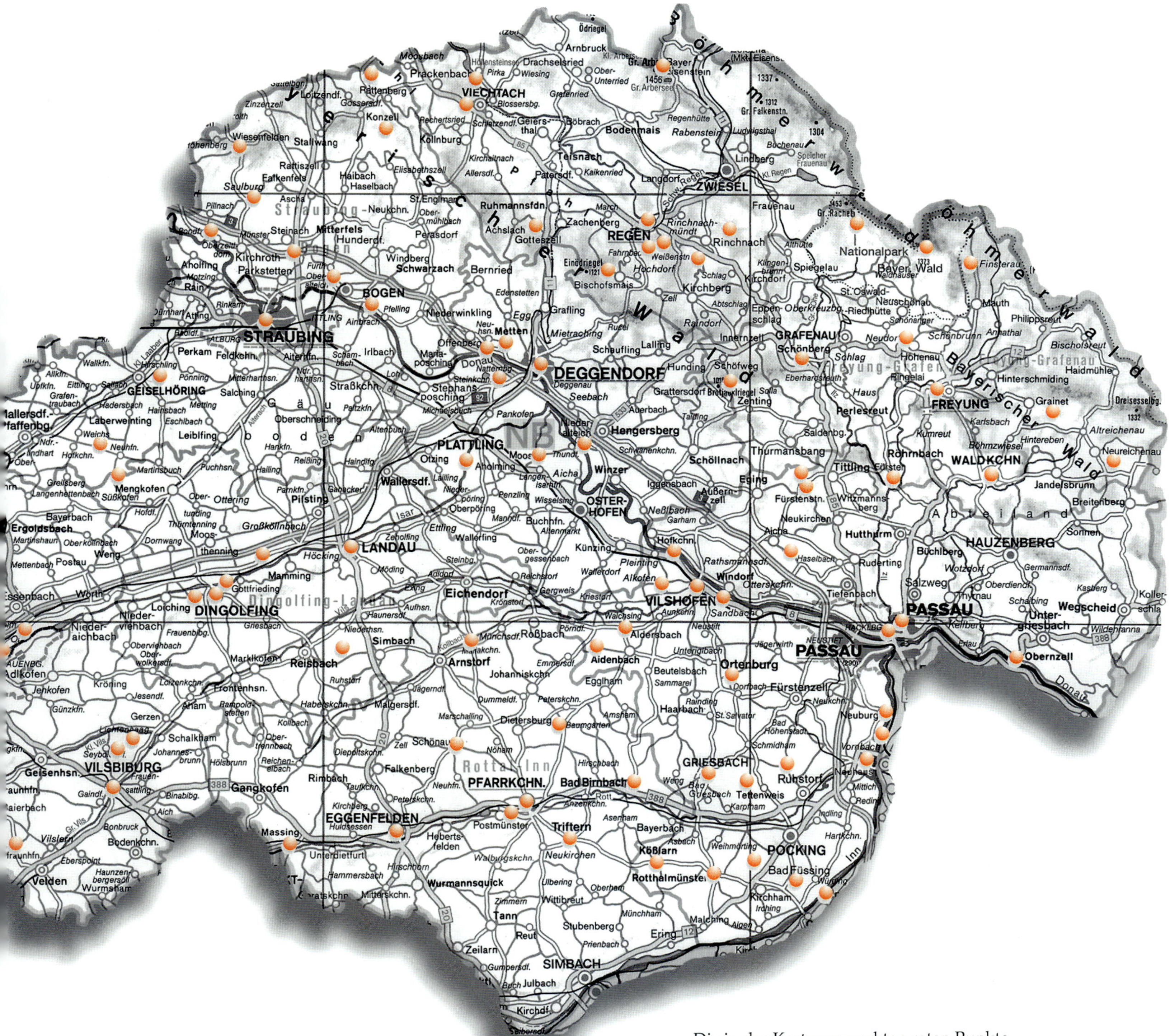


Die in der Karte vermerkten roten Punkte verweisen auf die Abbildungen des Buches

## Um Altmühl und Donau

# Albland im Westen

Niederbayerns Anteil an jenem breiten Wall von Juraschichten, die sich als Fränkische, Oberpfälzer und Schwäbische Alb in weitem Bogen vom Main bis zum Hochrhein und letztlich bis zum Lac du Bourget bei Genf erstrekken, ist nicht besonders groß. Doch besitzt Niederbayern mit dem östlichsten Zipfel des bis Kelheim reichenden Naturparks Altmühltal ein Gebiet, in dem der ganze Zauber der Juralandschaften mit ihrer typischen Pflanzenwelt, den tief eingeschnittenen Tälern, den Höhlen und markanten Felsgruppen in einem großartigen Akkord zusammenklingt.
Vom steil zum Eggersberg ansteigenden Schelmental, dessen Eingang vom ›Kachelfels‹ bewacht wird, vom ›Falkenhorst‹ bei Gundelfingen und dem ›Teufelsfels‹ bei Jachenhausen bis zum 70 Meter hohen Burgfels von Prunn und der höhlendurchlöcherten Felswand über Neuessing prägen wildzerklüftete Felsriffe und -türme, denen der Volksmund oft höchst phantasievolle Namen gegeben hat, das Bild des unteren Altmühltals. Dohlen und Mauersegler nisten in ihren unzugänglichen Felsspalten. Auf den südlichen, in der Sommersonne brütenden Hängen drängen sich zwischen dem hellen Fels die dunklen, schlanken Pyramiden des Wacholders, wachsen Heckenrose, Weißdorn, Hartriegel, Pfaffenhütchen und Faulbeerbaum. Kurz und niedrig bleibt dazwischen der Teppich der schmalblättrigen Steppengräser, zwischen denen mit Felshungerblümchen und Küchenschellen zeitig im Jahr der Frühling beginnt. Im Mai, im Juni blühen nicht nur Finger- und Habichtskräuter in allen Farbnuancen des Gelb, vom lichten Zitronengelb bis zu warmen, fast organgefarbenen Tönen; nicht nur Hufeisen- und Schneckenklee, die blaue Kugelblume und die Teufelskralle, die tiefrote Karthäuserlichtnelke und das leuchtendgelbe Sonnenröschen. Auch Gamander und zartvioletter Thymian bilden farbige Polster zwischen dem Gestein, an sonnigheißen Tagen umweht von einer Wolke herbsüßen, aromatischen Dufts. Mit gefranstem Enzian, mit Augentrost und Silberdistel kommt schließlich der Herbst.
Die zahlreichen Höhlen in den Ufersteilwänden des unteren Altmühltals boten schon den Menschen der Altsteinzeit Zuflucht. Vor allem die drei übereinanderliegenden Klausenhöhlen bei Essing und das 55 Meter über der Talsohle gelegene Schulerloch, dessen 300 Meter in den Fels reichende Kammern und Gänge einst die Strudel der Urdonau ausspülten, zählen zu den wichtigsten vorgeschichtlichen Fundstätten Süddeutschlands. Fanden sich doch dort neben Steinwerkzeugen, Tierknochen und Scherben auch einige der ältesten Kunstwerke Bayerns, darunter Gravierungen von Wildpferd und Mammut und die rätselhafte Darstellung eines ›Löwenmenschen‹, eines Zauberers oder Priesters.

*Essing, wie es so daliegt zu Füßen der Ruine Randeck, bietet auch nach dem Bau des modernen Rhein-Main-Donau-Kanals und der neuen Straße aus der Luft eines der charakteristischsten Bilder des unteren Altmühltals und der ganzen Altmühlalb. Hineingezwängt zwischen den Steilabsturz der hellen Felwände und die Ufer des Flusses, begleiten die Häuser den Straßenzug, der lange der einzige war und sich nur an jener Stelle zu einem kleinen Platz weitet, wo das Brücktor den Zugang von der Altmühl her sicherte.*
*Der Ort ist alt. Schon 976 ist von ihm die Rede. Und auch die erste Befestigung hoch über dem Tal soll noch im 10. Jahrhundert entstanden sein. Als Mittelpunkt der kleinen Herrschaft Randeck waren Burg und Ort lang im Besitz der Grafen von Abensberg, ehe sie nach deren Aussterben 1485 an die Wittelsbacher übergingen.*

Schon in vorgeschichtlicher Zeit besiedelt waren auch Arz- und Frauenberg bei Weltenburg, vor allem aber der Michelsberg, jener Bergsporn der sich im Mündungsbereich der Altmühl zwischen die beiden Flüsse schiebt und heute bis hin zum Schambachtal vom dichten, stellenweise unter Naturschutz stehenden Mischwald des Hienheimer Forsts bedeckt wird. Die Kelten errichteten dort, wo sie bereits früh Erz gruben und Eisen erschmolzen, 126 Meter über dem Spiegel der Donau eine ihrer größten Burgstädte nördlich der Alpen, das Oppidum Alkimoenis.

Unten am Ufer der Donau entstand schon vor dem Jahr 1000 eine Burg, die dank ihrer strategisch bedeutsamen Lage bald zu den wichtigsten Besitzungen der Wittelsbacher zählte. Der Traum bayerische Residenzstadt zu werden endete allerdings jäh, als Herzog Ludwig I., der später der Kelheimer genannt wurde, am 15. September 1231 in einem der geheimnisvollsten Mordfälle des Mittelalters unter dem Bogen des Kelheimer Donautors meuchlings erstochen wurde. Herzog Otto II., der Erlauchte, ließ zur Erinnerung an den Tod seines Vaters eine Kapelle errichten. Die herzogliche Residenz verlegte er jedoch auf die Landshuter Burg, weg aus jener Stadt, die seine Vorfahren über dem alten Chelehaim des 9. Jahrhunderts zwischen Donau, Altmühl und Michelsberg plan- und regelmäßig angelegt und befestigt hatten. Erst König Ludwig I. knüpfte im 19. Jahrhundert mit dem Bau der Befreiungshalle am äußersten, aussichtsreichen Rand des Michelsbergs wieder an die engen Beziehungen seines Geschlechts zu Kelheim an, das um diese Zeit durch den entstehenden Ludwig-Donau-Main-Kanal eine ganz neue Bedeutung gewann.

Die Schönheit des unteren Altmühltals wird noch übertroffen von der Großartigkeit der Landschaft, in der sich die Donau ihren Weg durch die Kalkwände des Jura bei Weltenburg erzwungen hat, und von der Großartigkeit der Klosterkirche, die uns die Barockzeit dort hinterließ. In spätrömischer Zeit befand sich bei Weltenburg wie in der Nähe von Eining ein Kastell zur Sicherung des ›nassen Limes‹. Schon um 600 sollen iroschottische Mönche dort das Kloster gegründet habe, das Herzog Tassilo III. im Jahr 763 neu besiedelte. In ihrer nüchternen Strenge verrät die Kirchenfassade nichts von jenem kongenialen Zusammenwirken der Brüder Asam, die hier einen in seiner Farbigkeit und dem Raffinement der Lichtführung überwältigendsten Kirchenräume der damaligen Zeit schufen.

Der ganze Zauber der bei Weltenburg beginnenden urtümlichen Flußlandschaft läßt sich nur mit dem Schiff erleben, am romantischsten auf einer der kleinen Donauzillen, die von zwei Fährleuten fast lautlos durch die Enge gesteuert werden. Hellgrau ragen seltsam geformte Felsgestalten empor, die alle Namen haben und von denen die Schiffer mancherlei Sagen zu berichten wissen. Bizarr ausgewaschene, überhängende Wände, in denen Wanderfalke und Uhu brüten, wechseln mit steilen Waldhängen, die der Herbst in glühende Farben taucht.

*Das in der Nähe von Eining über dem Steilufer der Donau gelegene Auxiliarkastell Abusina wurde um 80 n.Chr. unter Prokurator C. Sartorius im Zug der römischen Grenzverstärkung errichtet. Obwohl die ursprünglichen Erd- und Palisadenwälle des rechteckigen Kastells rund 60 Jahre später durch eine 4,5 Meter hohe steinerne Befestigungsmauer ersetzt wurden, die mit ihren vier Toren und ihren Eck-, Tor- und Zwischentürmen dem üblichen römischen Schema folgte, blieb Abusina mit einem Umfang von ca. 1,8 Hektar und einer regulären Besatzung von 500 Mann eines der kleineren Truppenlager.*
*Noch kleiner fiel der Wiederaufbau nach der Zerstörung während der Alamannenstürme des 3. Jahrhunderts aus: die spätrömische Anlage (im Vordergrund der Luftaufnahme) bildete mit einer Ausdehnung von 37 x 45 Metern gewissermaßen ein Kastell im Kastell, während auf dem verbleibenden Areal das neue Lagerdorf entstand, das wohl noch bis ins 5. Jahrhundert Bestand hatte.*

*Unterhalb von Kelheim kehrt die Donau zurück in das alte Bett der Urdonau, das sie vor rund 200 000 Jahren verließ und dem heute die Altmühl von Dollnstein bis zu ihrer Mündung folgt. Es ist wesentlich breiter als das enge Durchbruchstal, das sich die Donau zwischen Kloster Weltenburg und Kelheim in den hellen Fels des Weißen Jura sägte. So bleibt zwischen den zurücktretenden Höhen bis Regensburg viel Raum für den in weitausholenden Schleifen dahinziehenden Fluß; viel Raum auch für das Hochwasser, das nahezu jedes Jahr die Felder zumindest für einige Tage unter Wasser setzt.*

*Prunn gehört schon dank seiner Lage zu den romantischsten mittelalterlichen Wehrbauten Niederbayerns: Wie verwachsen mit dem hellen, steil aufstrebenden Fels liegt die Anlage siebzig Meter über dem Talboden der Altmühl.*
*Romantisch ist auch die Sage, die sich mit der Burg verbindet, die um 1037 im Besitz eines Wernherus de Prunne erstmals auftaucht, von 1338-1567 aber den Fraunbergern zum Haag gehörte. Einer der Fraunberger – ihr Wappen, ein springender Schimmel auf rotem Grund, ziert riesengroß die Mauer des Palas – wollte seine schöne Tochter nur dem zur Frau geben, dem es gelungen war die Burg zu umreiten. Zwei stürzten sich bei einem Versuch zu Tode. Der Dritte, dem die ganze Liebe des Burgfräuleins gehörte, gewann ihre Hand dank einer List: umrundete er die Burg doch hoch zu Roß am Fuß der Felsen.*
*Aus fraunbergischem Besitz stammt auch der berühmte ›Prunner Codex‹, eine Handschrift des Nibelungenlieds, die Wiguläus Hundt um 1570 in der Burg fand und die heute die Bayerische Staatsbibliothek in München verwahrt.*

*Die Rosenburg ist die größte der drei Burgen, die einst den Höhenrücken im Westen und Nordwesten Riedenburgs besetzten und dem Ort schließlich den Namen ›Drei-Burgen-Städtchen‹ eintrugen. Von Tachenstein und Rabenstein – der ältesten, noch von den Regensburger Burggrafen gegründeten Burg – stehen heute nur noch Reste. Weit besser ist es um die Rosenburg bestellt: Die ausgedehnte Anlage, die geprägt wird von den um 1510/1520 verstärkten Befestigungen und vor allem von dem 1556-1558 im Stil der süddeutschen Renaissance errichteten zweiflügeligen Wohnbau mit seinen Treppengiebeln, beherbergt heute eine Falknerei und ein Naturkundemuseum.*

*Um die im Schambachtal gelegene Kirche ›Zu Unserer Lieben Frau‹ ist es heute recht einsam geworden. Dabei war der kleine romanische Bau am alten Weg von Riedenburg durch das Schambachtal nach Altmannstein und Ingolstadt nicht allein eine der Urpfarreien des Gebiets. Sie bildete zusammen mit dem Schulhaus und dem 1712 erbauten und wie ein stattlicher Vierseithof neben der Kirche gelegenen Pfarrhaus – beide zeigen noch das Legplattendach der traditionellen Altmühl-Bauweise – den geistlichen und geistigen Mittelpunkt einer ganzen Reihe von Weilern und kleinen Ortschaften rings um den Marktort Riedenburg: Wurde die dortige, Johannes dem Täufer geweihte barocke Kirche doch erst 1922 zur Pfarrkirche erhoben.*

*Selten sind Kunst und Natur so großartig und auf so engem Raum vereint wie an der Weltenburger Enge. Auf einer Länge von fünf Kilometern hat sich hier die Donau im gewaltigsten Durchbruchstal, das sich ein Fluß in Deutschland geschaffen hat, zwischen den bis zu 70 Meter hohen hellen Kalkwänden des Jura hindurchgesägt, nicht einmal Raum lassend für den schmalsten Uferweg.*

*Weltenburg liegt am Anfang. Wohl schon im 7. Jahrhundert gegründet, zählt das Kloster zu den ältesten Bayerns. Im 18. Jahrhundert wandelte sich seine Kirche dank Abt Maurus Bächl und der Brüder Asam zu jenem märchenhaften, jubelnden Ineinander von Form, Farbe und Licht, das Weltenburg zu einer der großen und großartigsten Schöpfungen des bayerischen Barock gemacht hat.*

*Am Ende liegt Kelheim und die Befreiungshalle auf dem Michelsberg: die Stadt Ludwig des Kelheimers und jener klassizistische Rundtempel, den König Ludwig I. im 19. Jahrhundert zur Erinnerung an den Kampf gegen Napoleon I. errichten und von einem Reigen marmorner, strahlend weißer Siegesgöttinnen bevölkern ließ.*

*Wenn die Felder im Spätsommer weitgehend abgeerntet und zum Teil schon wieder gepflügt sind – nur der Mais steht um diese Zeit noch –, wirkt die von den Autofahrern manchmal als recht eintönig empfundene Bauernlandschaft im Süden und Südosten Kelheims mit dem Nebeneinander all ihrer Braun-, Rotbraun-, Grau- und Grüntöne aus der Luft wie ein einziger, großartiger Flickenteppich.*

*Neustadt a.d. Donau ist eine Gründung Herzog Ludwigs II., des Strengen. Um 1270 verlegte er einen älteren Markt auf das ebene Ufergelände südlich der einmündenden Abens, um mit dieser seiner ›neuen Stadt‹ die Donau-Schiffahrt und den Verkehr auf der Uferstraße besser nutzen und kontrollieren zu können.*
*Heute ist das spätestens 1363 ummauerte Viereck der Altstadt in seiner Geschlossenheit und geometrischen Regelmäßigkeit, trotz der Zerstörungen des Jahres 1945, ein ungewöhnlich gut erhaltenes Beispiel für die wittelsbachischen Gründungsstädte der Gotik.*

## Bauernland südlich der Donau

# Hallertau und Gäuboden

›Hopfen und Malz, Gott erhalt's‹: für die Hallertauer hat der alte Spruch der Biertrinker seine besondere Bedeutung. Ist das Gebiet zwischen Donau, Ilm und Isar doch heute eines der größten zusammenhängenden Hopfenanbaugebiete der Welt. Schon um 800 ist hier von einem ›humularium‹, einem Hopfengarten die Rede. Doch bekam der Hopfenanbau auch in der Hallertau erst in den letzten Jahrzehnten des 19. Jahrhunderts zunehmend an Bedeutung, als der Bierkonsum sprunghaft anstieg und die Brauereien begannen das ganze Jahr hindurch Bier zu sieden. Die Stangen und Drähte der Hopfengärten sind seither zum auffallendsten Kennzeichen des flachwelligen Hügellands geworden, das ein rechtes Bauernland geblieben ist mit seinen Getreidefeldern – goldgelb im Sommer zwischen dem dunklen Grün des Hopfens –, mit seinen stattlichen Einödhöfen und dem Maibaum in jedem Dorf, mit Kirchen und Kapellen überall und mit Gasthöfen, die fast wie kleine Schlösser ausschauen.

Fruchtbarer noch als dieser Landstrich, der nur mit Teilen der Landkreise Landshut und Kelheim zu Niederbayern gehört, ist der Gäuboden, der die Donau bis Vilshofen begleitet und der mit seinen tiefgründigen Lößböden von alters her als Kornkammer Bayerns gilt. Nicht umsonst hieß es in der 1860 erschienenen Landes- und Volkskunde des Königreichs Bayern ›...an strotzender Üppigkeit wetteifern Saaten, Menschen und Getier‹.

Zahlreiche Funde beweisen, daß dieser von der Natur so begünstigte Landstrich, in dem der Bayerische Wald, Hügelrücken hinter Hügelrücken, wie eine sanfte, im Blau verschwimmende Kulisse den nördlichen Horizont begrenzt, schon in vorgeschichtlicher Zeit die Menschen anzog. Die Römer errichteten zur Sicherung des Donaulimes das Kastell Quintanis bei Künzing und auf dem Ostenfeld bei Straubing ihr Kohortenlager Sorviodurum samt einer blühenden Zivilsiedlung. Früh sind auch bajuwarische Siedler nachweisbar. In Aiterhofen – unter Agilolfingern und Karolingern wohl der bedeutendste Ort der Donauebene – hielt Herzog Tassilo III. im Jahr 774 Hof, bestand schon unter Bischof Ambricho von Regensburg (864-891) ein Grafschaftsgericht. Auffallend ist die Vielzahl kirchlicher Grundbesitzer. Waren doch in dieser fruchtbaren Tallandschaft, an deren südlichen Hängen überall Wein wuchs, nicht allein die hier gelegenen Klöster Pfaffmünster, Metten und Osterhofen, Nieder- und Oberaltaich begütert, sondern neben den Bischöfen von Regensburg, Augsburg und Bamberg eine Vielzahl weiterer Klöster, darunter St. Nikola in Passau, St. Emmeram in Regensburg und sogar das österreichische Stift Kremsmünster.

Unter den weltlichen Herren konnten die Grafen von Bogen mit ihrer expansiven Territorialpolitik nach der Mitte des 11. Jahrhunderts die Führung

*Die Benediktinerabtei Metten gehört wie Pfaffmünster und Niederaltaich zu jenen Donauklöstern, die von den Agilolfingern bereits im 8. Jahrhundert zur Erschließung des Landes gegründet wurden und wesentlich zur Besiedelung des nahezu menschenleeren ›Nortwalds‹ beitrugen.*
*Ihr heutiges Aussehen verdankt die Abtei der Barockzeit, als man sich mit wahrem Elan an den Ausbau des Klosters machte. Damals widmeten sich seine Mönche schon längst nur mehr der Seelsorge und der Pflege der Wissenschaften, später auch der Erziehung. Kein Wunder, daß die zweischiffige Bibliothek, dieser 1706-1720 entstandene Raum voller benediktinischer Symbolik, bei all ihrer farbigen Pracht vor allem die Liebe zum Buch und zur Weisheit der Bücher dokumentiert und neben Kirche und Festsaal zu den bedeutendsten Räumen der ganzen ausgedehnten Klosteranlage zählt.*

an sich ziehen: Zumal sie ihre Klostervogteien Ober- und Niederaltaich, Windberg und Mallersdorf, die Vogtei über die Besitzungen des Augsburger Domkapitels und zeitweilig auch über die Ländereien des Bamberger Bischofs um Winzer recht unbedenklich in eigenem Sinn zu nutzen wußten. Schließlich erwies sich jedoch die erfolgreiche Hausmachtpolitik der Wittelsbacher auch an der Donau wirkungsvoller als die Herrschaft der Grafen von Bogen, deren Hauptinteressen in erster Linie im Inneren des Bayerischen Waldes lagen. Nachdem Ludwig I., der Kelheimer, der ebenso kluge wie tatkräftig-rücksichtslose eigentliche Begründer des wittelsbachischen Bayern, im Jahr 1204 die wohlüberlegte Heirat mit Ludmilla, der Witwe Albrechts III. von Bogen eingegangen war, brachte das bognersche Erbe den Wittelsbachern nicht nur einen beachtlichen Besitz- und Machtzuwachs. Bayern kam dadurch auch zu den von den Bognern stammenden weißblauen Rauten in seinem Wappen.

Der Gäuboden, in dem früh selbst mancher Adelige sein Auskommen in der Landwirtschaft fand, blieb Bauernland bis heute. Längst vergessen ist nach all den Regulierungen der Donau, die nur um die Mündung der Isar einen Rest der ursprünglichen Auwälder mit ihrem vielfältigen Pflanzen- und Tierreichtum zurückließen, wie ungebärdig der Fluß einst sein konnte. Bis an die Ufer erstrecken sich heute – maschinengerecht unterteilt von Straßen und Wirtschaftswegen, nahezu baumlos und ohne das Strauchwerk der alten Feldraine – die ertragreichen, weithin von modernen Anbaumethoden geprägten Ackerflächen, auf denen neben Getreide vor allem Zuckerrüben und Gemüse erzeugt werden.

Den Pflug führt Straubing, diese bürgerstolze, bauernstolze Hauptstadt des Gäubodens, in dem alles maßlos ist, der Himmel, die Weite der Felder und der Anspruch seiner Bewohner, noch immer im Wappen. Und nicht ohne heimliches Schmunzeln erinnert man sich an die alte Sage, die erzählt, daß die Bauern im Gäu einst so reich waren, daß sie ihre Felder mit goldenen Pflügen ackerten, nun, da man einen ganzen Maschinenpark in der Halle stehen hat, in der Garage oft genug mehr als einen schweren Wagen und manchmal auch ein Ultraleichtflugzeug oder eine Cessna im Hangar des Straubinger oder des Vilshofener Flugplatzes.

Daß man bei all dem hingebungsvoll zu feiern versteht, vermerkte schon Johannes Turmair, genannt Aventinus, der in Abensberg geborene wittelsbachische Hofhistoriograph des 16. Jahrhunderts. An der ungestümen Fröhlichkeit, der Freude am herzhaften Essen und Trinken scheint sich seither nicht viel geändert zu haben. Das läßt sich bei jeder Kirchweih feststellen, am eindrucksvollsten aber vielleicht beim Abensberger Gillamoos und beim Straubinger Gäubodenfest, das sich längst zum zweitgrößten Volksfest Bayerns entwickelt hat: überschäumend in seiner Kraft und altbaierischen Lebensfreude, auch in jenem stolzen, alle Zeiten überdauernden Bewußtsein vieler Besucher: ›mir san mir‹.

*Der Bogenberg, der ›Heilige Berg Niederbayerns‹, ist eine der ältesten, noch blühenden Wallfahrtsstätten Bayerns. Seit das einstige Gnadenbild – eine steinerne Muttergottes, die guter Hoffnung ist – der Legende nach stromaufwärts schwimmend, im Jahr 1104 am Fuß des Bogenbergs landete und auf der Höhe des Berges aufgestellt wurde, ist dieser zum Ziel zahlloser Pilger geworden. 1295 entstand eine erste gemauerte Kirche, 1463 weihte man den heutigen gotischen Bau. Längst war der Bogenberg für die Niederbayern so wichtig geworden wie Altötting für das Oberland.*

*1492 legten die Holzkirchner jenes Gelübde ab, das sie bis heute alljährlich mit dem Opfer der Pfingstkerze treu erfüllen. Auf einem zweitägigen, 75 Kilometer langen Fußmarsch bringen sie die schwere, rund zwölf Meter lange und mit einem roten Kerzenstrang umwickelte Holzstange bis Bogen. Von dort wird sie von den jungen Männern, die einander immer wieder ablösen, im Laufschritt und senkrecht stehend hinauf zur Muttergottes auf dem Berg getragen: ein vielbewundertes Schauspiel, in dem Kraft und Frömmigkeit eine echt niederbayerische Verbindung eingehen.*

*Abensberg, das ›Tor zur Hallertau‹, entwickelte sich im Schutz der heute fast verschwundenen Burg, die von den Grafen von Abensberg gegründet wurde, einer Seitenlinie der ebenso weit verzweigten wie reich begüterten Babonen. Die 1143 erstmals genannte Siedlung blühte rasch auf: 1348 erhielt sie Markt-, im frühen 15. Jahrhundert Stadtrechte.*
*Berühmtester Sohn der im flachen, wohlbestellten Bauernland um Donau und Abens gelegenen Stadt ist Johannes Turmair, genannt Aventinus, der 1477 in Abensberg geboren wurde. Nach Studien in Wien, Krakau und Paris trat er in den bayerischen Hofdienst und gilt dank seiner ›Bayerischen Chronik‹ als Vater der bayerischen Geschichtsschreibung.*

*Die Kirche ›Mariae Himmelfahrt‹ in Allersdorf wird in der Lebensgeschichte des Hl. Eberhard, der im Jahr 1133 im nahen Kloster Biburg Abt wurde, zum erstenmal erwähnt und taucht dann 1177 in einem Schutzbrief Kaiser Friedrichs I. Barbarossa erneut auf.*
*Von Sagen umwoben, war die kleine romanische Kirche auf ihrem Hügel südlich von Abensberg schon im Mittelalter eine vielbesuchte Wallfahrtsstätte. Die Barockzeit gestaltete nicht allein die Kirche völlig um, die damals vergrößert wurde, ihren Wessobrunner Stuck und die reiche Ausstattung erhielt. Sie ließ gegen 1712 auch den Kranz der zehn Kapellen entstehen, der so viel zum malerischen Bild der Gesamtanlage beiträgt.*

*Offenstetten ist eine jener in Niederbayern gar nicht so seltenen Schloßbauten, deren vier Flügel einen kleinen Innenhof umschließen und deren Ecken durch auffallend markante Türme betont werden. Das Schloß – es dient mit seinen ausgedehnten Außenanlagen heute einem Heim für behinderte Kinder – erhielt sein jetziges Aussehen erst nach 1750. Ließ doch damals der bayerische Staatskanzler von Kreittmayr nach seiner Heirat mit Maria Romana von Frenau die mittelalterliche, im 11. Jahrhundert von den Herren von Offenstetten gegründete und nach dem Dreißigjährigen Krieg wiederhergestellte Wasserburg gründlich umgestalten: eine Tatsache, an die auch das Allianzwappen Kreittmayr-Frenau über dem Portal erinnert.*

*Die einstige Klosterkirche Biburg zählt zu den bedeutendsten romanischen Bauten Niederbayerns. Ungewöhnlich gut erhalten beherrrscht sie mit ihren beiden kräftigen Vierecktürmen das flache Bauernland ringsum. Einziger Schmuck des nach Hirsauer Vorbild errichteten Baus, der schon allein mit der großartigen Klarheit seiner Gliederung, mit der Wucht seiner Quadermasse und der Qualität aller Steinmetzarbeiten besticht, sind das reich profilierte Portal der Westseite und die Rundbogenfriese, die an der Hauptapsis auf Tier- und Menschenköpfen aufsitzen.*

*Die Hopfengärten bei Heiligenbrunn südöstlich von Rottenburg sind typisch für das flachwellige Hügelland rings um den Oberlauf der Großen und der Kleinen Laaber. Niederbayern hat hier Anteil an der Hallertau, diesem Landstrich, in dem der Hopfenanbau seit dem späten 19. Jahrhundert eine ausnehmend wichtige Rolle spielt. Heute erntet man in dem weit nach Oberbayern hineinreichenden Gebiet rund 87% des deutschen Hopfens: Das dunkle Grün der rankenden Pflanzen und die Stangen und Drähte der Hopfengärten sind zum selbstverständlichen Bild der bäuerlich geprägten Landschaft geworden.*

*Schloß Wildenberg wurde im Jahr 1272 von Hänslinus Ebran von Lauterbach erbaut, den der Regensburger Bischof im Jahr zuvor mit der Hofmark Pürkwang belehnt hatte und dessen bis 1605 bestehendes Geschlecht sich von da an nach Wildenberg benannte. Der ringförmige Bau, der in so auffallender Weise die nahezu kreisrunde Hügelkuppe besetzt, wurde zwar mehrfach verändert, wirkt aber in seiner Geschlossenheit, dank der beherrschenden Höhenlage und der zum Teil erhaltenen spätmittelalterlichen Zwingeranlage noch immer recht wehrhaft.*

*Bei Lanquaid darf sich die Große Laaber in ihrem breiten Talboden noch in zahllosen großen und kleinen Schleifen und Windungen durch ein Bauernland schlängeln, das in all seiner Fruchtbarkeit nicht gerade reich ist an landschaftlichen Reizen, das aber in seinem sanften Auf und Ab von schöner Behäbigkeit und einer fast zeitlosen Ruhe zu sein scheint.*

*Haindling liegt heute fast vergessen im fruchtbaren Bauernland östlich von Geiselhöring. Dabei gehörte die Wallfahrt, von der 1333 erstmals die Rede ist, wegen der bezeugten ›Guttaten‹ der Muttergottes lange zu den besuchtesten weitum. Sie war so beliebt – zeitweise erschienen Prozessionen aus 55 Pfarreien –, daß die beiden, auf ihrer Anhöhe so geschwisterlich zusammenstehenden Kirchen von der frühen Gotik bis in die Barockzeit immer wieder vergrößert und umgebaut werden mußten. Heute bilden sie mit ihren weithin sichtbaren überzwiebelten Türmen, dem gewölbten Umgang der Kreuzkirche und dem 1733 rings um die beiden Kirchen angelegten Kreuzweg einen in seiner Volkstümlichkeit höchst wirkungsvollen Sakralbereich.*

*Über Niederachdorf mit seiner barocken Rundkirche hinweg schaut man auf das regulierte Bett der Donau, die hier im Westen Straubings von inzwischen bewachsenen Buhnen begleitet wird.*
*Seit vorgeschichtlicher Zeit ist die Donau, der alle übrigen Flüsse zuströmen, Verkehrsader, Handelsweg und die Achse, der entlang sich Siedlungen und Kulturen ausbreiteten. Dabei bot der Fluß bis weit ins 18. Jahrhundert das Bild einer sich ständig verändernden, viele Kilometer breiten Stromlandschaft voller verzweigter Wasserarme, heller Schotterbänke und bewaldeter Inseln, voller überwucherter Altwässer und Tümpel.*
*Von dieser Urlandschaft mit ihrem Reichtum an Tieren und Pflanzen, in der sich die Schiffsleute nach jedem Hochwasser ihren Weg neu suchen mußten, blieb nichts zurück. Sind doch wirtschaftliches Denken und die Möglichkeiten der Technik seit 1830 in zunehmendem Maß dabei, die Donau zu einer von Kraftwerks- und Industriestandorten begleiteten Großschifffahrtsstraße zu machen, die als Teil der ›Europa-Transversale‹ zwischen Nordsee und Schwarzem Meer auch von modernen Schubverbänden befahren werden kann.*

*Straubings Hauptachse ist dieser 600 Meter lange und 38 Meter breite Straßenmarkt, den die im Kern oft noch gotischen Bürgerhäuser mit steilen Staffelgiebeln, mit Laubenhöfen da und dort und mit Fassaden begleiten, die manchmal erst Barock und Klassizismus farbenfroh dazugetan haben. Die Mitte dieser beispielhaft altbaierischen Platzanlage, die auf die Gründung Herzog Ludwigs des Kelheimers von 1218 zurückgeht, ist der fünfspitzige Stadtturm, das Wahrzeichen Straubings. Ihr schönster Schmuck, die Dreifaltigkeitssäule, prunkt – wie könnte es in dieser bürger- und bauernstolzen Gäubodenstadt anders sein – mit Marmor und Gold.*
*Keineswegs geringeren Anspruch erheben die Kirchen mit ihren kühnen gotischen Hallenräumen. Unten an der Donau aber liegt der mächtige Komplex des Schlosses (oben), das im 14./15. Jahrhundert Mittelpunkt eines eigenen Herzogtums war und mit dem der Name Agnes Bernauer für immer verbunden ist, seit Herzog Ernst die schöne Augsburger Baderstochter in der Donau ertränken ließ, weil ihm aus dynastischen Gründen die Heirat seines Sohnes Albrecht III. mißfiel. Die Kapelle, mit der man ihren Tod sühnen wollte, findet man im Alten Friedhof von St. Peter: dort, wo über einer spätkeltischen Siedlung das römische Kohortenlager Sorviodurum samt jener blühenden Zivilsiedlung entstanden war, an die der Schatzfund von 1950 erinnert, und wo die Bajuwaren schon im 6. Jahrhundert einen Herzogshof errichtet hatten.*

*Oberaltaich wurde gegen 1100 von den hochadeligen, im bayerischen Donauraum alteingesessenen Grafen von Bogen gegründet. Da sie ihr Hauskloster mit mancherlei Eingriffen zeitweilig fast an den Rand des Ruins brachten, erlebte Oberaltaich seine erste Blüte erst im späten 13. Jahrhundert unter den Wittelsbachern.*
*Neuen Aufschwung brachte nach den Wirren der Reformation die Zeit unter Abt Vitus Höser. Als Bauherr und ›Kavalierarchitekt‹ ließ er die mittelalterliche Kirche durch einen höchst eigenwilligen Neubau ersetzen, wenige Jahre ehe auch hier der Dreißigjährige Krieg seine Wunden schlug, die Mönche verschleppt und das Kloster mehrfach ausgeplündert wurde.*
*Daß sich die Klostergemeinschaft glanzvoll erholte, das bewies allein schon die Bibliothek, die bei der Säkularisation des Jahres 1803 zu den bedeutendsten Bayerns zählte. Die einstige Klosterkirche dient heute der Pfarrei.*

*Niederaltaich, dieses älteste Benediktinerkloster Bayerns, galt bereits im frühen Mittelalter auch als das reichste. Als es 1803 säkularisiert wurde, besaß es allein an Liegenschaften 1500 Anwesen und 13 850 Hektar Land, drei Viertel davon, dank der Rodungs- und Siedlungstätigkeit der Mönche, im Bayerischen Wald. Reich war das Kloster aber auch an Frömmigkeit und an Männern der Kunst und Wissenschaft. Seine Mönche wirkten in halb Europa; früh besaß es eine bedeutende Schreibschule.*
*Zwischen 1700 und 1739 wandelte sich die gotische Klosteranlage zur wahrhaft glanzvollen Barockabtei: Ihre weitläufigen Gebäudetrakte gruppierten sich um sechs Innenhöfe und die Kirche erhielt in all ihrer glanzvoll-festlichen Großzügigkeit eine Sakristei, von der es hieß ›... do kunt ma ja mit'm Heiwogn wenden‹.*
*Nur ein Abglanz der alten Pracht blieb erhalten. Das Kloster aber ist höchst lebendig, aufgeschlossen gegenüber allen Aufgaben der heutigen Zeit.*

*Schaut man vom Flugzeug hinunter auf das Band der Autobahnen, so wird häufig nicht allein die überraschende Eleganz der Linienführung deutlich. Man sieht auch mit welch unbekümmerter Selbstverständlichkeit sich die Technik heute der Landschaft bemächtigt.*
*Dabei hat der Bau der Autobahn Nürnberg–Regensburg–Passau eine ungewöhnlich lange Geschichte. Schon 1939 hatte man mit den ersten Erd- und Brückenbauarbeiten begonnen. Doch dann konnten die Planungen erst zwanzig Jahre später wieder aufgenommen und der Bau schließlich auch im Niederbayerischen fertiggestellt werden: eine Strecke, die auf den 85,5 Kilometern zwischen Wörth a.d. Donau und Passau-Mitte mit 15 Ein-und Ausfahrten – im Foto die Ausfahrt Straubing – an das regionale Verkehrsnetz angeschlossen ist und die immerhin sechs große Brückenbauten erforderte, darunter die 640 Meter lange Brücke bei Metten, die an einem Winternachmittag fotografiert wurde.*

*Blickt man in Deggendorf von der Heilig-Grab-Kirche, der Johann Michael Fischer einen der schönsten Barocktürme Niederbayerns schenkte, die breite Marktstraße hinauf zum freistehenden Rathaus, so fällt die altbaierische Weiträumigkeit dieses Straßenzugs auf und der behäbige Stolz der ihn begleitenden Bürgerhäuser. Dabei blieb nach dem verheerenden Brand des Jahres 1743, der die Stadt nahezu völlig einäscherte, nicht allzuviel zurück von der mittelalterlichen, von einem Mauerring mit vier Toren umgebenen Stadt. Deutlich erkennbar aber ist im Oval der Altstadt das Regelmaß der planmäßigen wittelsbachischen Stadtgründung des 13. Jahrhunderts. Herzog Otto II., der Erlauchte, ließ sie in einiger Entfernung zu jener Siedlung am Donauufer anlegen, die sich um den 788 bezeugten Königshof Urvar entwickelt hatte.*
*Deggendorfs Hausberg ist der jenseits der Donau gelegene Natternberg (oben): Mit steilen Hängen steigt dieser Gneisrücken so völlig isoliert aus der Ebene auf, daß er im Volksglauben lange als Werk des Teufels galt. Schon in vorgeschichtlicher Zeit besiedelt und später ein wichtiger Stützpunkt der Grafen von Bogen und der Wittelsbacher, war der Natternberg immer befestigt. Erst der Dreißigjährige Krieg machte die umfangreiche Burg zur Ruine und schließlich wurde auch das noch bestehende wittelsbachische Pfleggericht im Jahr 1760 nach Deggendorf verlegt.*

*Moos taucht 1207 in einer Urkunde des Klosters Niederaltaich erstmals auf. 63 Jahre später war es Mittelpunkt des ganzen, inmitten der fruchtbaren Ländereien südlich von Deggendorf gelegenen Gutes, das 1568 schließlich in den Besitz der Familie Preysing überging.*
*Das heutige Schloß, dieser großzügige vierflügelige Bau mit seinen Ecktürmen, – die Marmortafel im laubengeschmückten Innenhof berichtet es höchst ausführlich – entstand unter Johann Warmund von Preysing in den Jahren 1625-1636, nachdem ein unvorsichtigerweise ausgelöster Brand die mittelalterliche Wasserburg weitgehend eingeäschert hatte.*

*Der Landwirt, der dieses Feld in der Nähe von Moos mit Kalk düngte, schuf mit seiner Arbeit ein Nebeneinander weißer Linien, das in seiner Graphik – betrachtet man es aus dem Flugzeug – den Werken so mancher Landart-Künstler in nichts nachsteht.*

*Hilgartsberg liegt auf steilem Fels hoch über dem linken Donauufer, dort, wo der Fluß beginnt sich seinen Weg durch die Ausläufer des Bayerischen Waldes zu bahnen. Die wohl zu Beginn des 12. Jahrhunderts errichtete Burg, die sich nach mancherlei Um- und Ausbauten zu Beginn des 17. Jahrhunderts unter Ernst Hans Graf Fugger von Kirchheim-Weißenhorn in ein anspruchsvolles Renaissanceschloß verwandelt hatte, wurde schon im Österreichischen Erbfolgekrieg (1741-1745) zur Ruine. Doch läßt sich noch heute erahnen wie großartig und wehrhaft Hilgartsberg mit seinen Wohnbauten und der Kapelle, mit seinen beiden Mauerzügen, seinem Bergfried und den drei Toranlagen einst gewesen sein muß.*

*Vilshofen wurde gegenüber der schon für das Jahr 791 bezeugten Siedlung ›Filusa‹ von den Grafen von Ortenburg am linken Ufer der hier in die Donau mündenden Vils gegründet und nach 1216 planmäßig ausgebaut. Durch die Jahrhunderte lebte die Siedlung, der Kaiser Ludwig der Bayer 1345 die Stadtfreiheit bestätigte, vor allem vom Handel. Besonders der Aschermittwochsmarkt, der als großer Viehmarkt für das ganze Hinterland von Bedeutung war, ließ alljährlich viel Volk zusammenströmen: Eine Tatsache, die schließlich zur Tradition des ›Politischen Aschermittwochs‹ führte und Vilshofen dank der vielbejubelten, attackenreichen Reden bayerischer Politiker über die Landesgrenzen hinaus bekannt machte.*
*Der große Brand von 1794 hat die mittelalterliche Stadt weit mehr verheert als alle Hochwasser und alle Kriege, von denen Vilshofen heimgesucht wurde. Trotzdem erinnert zwischen Stadtturm und Kirche noch manches an das typische Bild der Inn-Salzach-Städte.*

## Zwischen Kleiner Laaber und Vils

# Westliches Hügelland

*Im Mündungsgebiet der Isar hat sich der Rest einer der bedeutendsten Aulandschaften Bayerns erhalten. Noch Ende des 19. Jahrhunderts war die Isar selbst hier an ihrem Unterlauf ein echter Gebirgsfluß, der sein Bett immer wieder verlagerte und dessen alljährlich mit der Schneeschmelze wiederkehrendes Hochwasser jede intensive landwirtschaftliche Nutzung verhinderte. Seit der Flußlauf 1888/1889 begradigt und das Umland 1910/1914 durch den Bau von Hochwasserdämmen gesichert wurde, hat die Isar viel von ihrer wilden Ursprünglichkeit verloren. Doch zeichnet sich das 1973 unter Landschaftsschutz gestellte Gebiet mit seinen allmählich verlandenden Altwässern noch immer durch eine ungewöhnlich vielfältige Tier- und Pflanzenwelt aus. Allein die Zahl der Blütenpflanzen – fast 700, zum Teil in der ›Roten Liste‹ stehende Arten – wird nirgendwo sonst in ganz Niederbayern übertroffen. Kaum weniger reich vertreten ist mit mehr als hundert Brutvogelarten und mindestens ebenso vielen Durchzüglern die Vogelwelt.*

Das Niederbayerische Hügelland ist eine sanfte Landschaft, geprägt von der Gelassenheit und Selbstsicherheit einer jahrhundertealten bäuerlichen Kultur: Wiesen und Felder, Mais und Getreide in stetem Wechsel, von Erlen und Eschen begleitete mäandernde Wasserläufe, dunkler Nadelwald da und dort auf den Höhen. Weit verstreut dazwischen die kleinen Weiler und Einödhöfe, stattliche Drei- und Vierseithöfe zumeist. Es ist keine spektakuläre Landschaft. Fliegt man jedoch darüber hin, so entdeckt man, daß das Gleichmaß der nahezu parallel von Südwest nach Nordost verlaufenden Höhenrücken und Flußtäler von einem dichtverzweigten System kleiner und kleinster Bäche unterbrochen und aufgefächert wird. Sie ließen jene niederen Hügelketten und Kuppen entstehen, die dem aus der flachen Weite des Gäubodens nach Süden zu ganz allmählich ansteigenden Landstrich nicht umsonst den Namen ›Hügelland‹ eintrugen.

Die wenigen größeren Siedlungen, auch die Industriestandorte, liegen an den Flüssen, an Laaber und Vils, vor allem aber entlang der Isar. Sie ist der große Fluß des Niederbayerischen Hügellands, ein Alpenfluß, der bis zum Ende des 19. Jahrhunderts kaum etwas von seiner ungebändigten Wildheit verloren hatte. Heute, wo nur mehr der bis zu hundert Meter eingetiefte und mit vier bis sechs Kilometern ungewöhnlich breite Talboden erahnen läßt mit welcher Kraft sich einst die Schmelzwasser des würmeiszeitlichen Isargletschers ihren Weg zur Donau bahnten, wird die aus dem Karwendel kommende Isar von ihrem Eintritt ins Tertiärhügelland bei Freising–Moosburg fast bis Landau vor allem zur Elektrizitätsgewinnung genutzt. Immerhin führt die Isar in Niederbayern wieder genug Wasser, erhält der längst auf weiten Strecken von Hochwasserdämmen begleitete Fluß doch bei Eching zurück, was ihr der 54 Kilometer lange Werkkanal Mittlere Isar nördlich von München abgezapft hatte. Streckenweise haben sich sogar, wie oberhalb und unterhalb von Dingolfing oder vor der Mündung bei Deggendorf, noch Reste der einst so zahlreichen Altwasserarme erhalten und damit jener tier- und pflanzenreichen Auwälder, die man in der Regel einer intensiv betriebenen Landwirtschaft geopfert hat.

Früh war das Isartal bajuwarisches Siedlungsgebiet. Wie Regensburg, Aiterhofen und Osterhofen an der Donau oder Reisbach an der Vils zählte auch das heutige Dingolfing zu den wichtigen Herzogshöfen der Agilolfinger. Herzog Tassilo III., der wie sein Vater Odilo ein eifriger Kloster- und Kirchengründer war, versammelte dort gegen 770 die Bischöfe und Äbte seines Herzogtums zu einer Synode. Als dann im 13./14. Jahrhundert die Wittelsbacher darangingen das Herzogtum auszubauen, mit dem Kaiser Friedrich I. Barbarossa im Jahr 1180 Pfalzgraf Otto I. belehnt hatte, war die

nach 1204 entstehende Isarstadt Landshut die erste und wichtigste Stadtgründung Ludwigs I., des Kelheimers. Im Jahr 1255 wurde Landshut Residenzstadt und als die drei ›Reichen Herzöge‹ zwischen 1393 und 1503 auf der Landshuter Burg residierten, erlebte das Land seine glanzvollste Zeit. Und das nicht nur in den Tagen, in denen Ludwig IX., der Reiche, die Hochzeit seines Sohnes Georg mit der 17jährigen polnischen Königstochter Hadwiga zu einem prunkvollen Fest machte, bei dem er neben seinen zahllosen Gästen – allein der Kurfürst von Brandenburg reiste mit einem Gefolge von 1400 Mann an – die ganze Stadt für eine Woche freihielt. Rund 25 Millionen Mark kostete nach heutigem Geld dieses unvergeßliche Fest, das die Landshuter vor der hinreißenden Kulisse ihrer Stadt alle vier Jahre wieder lebendig werden lassen.
Das Grauen der Pestjahre war damals vorbei. Die Gotik trat einen künstlerischen Siegeszug an, der sich ähnlich erst in der Barockzeit wiederholen sollte. Namen wie Hans Stethaimer und Hans Leinberger verbinden sich mit dieser Epoche, in der so Großartiges entstand wie die Hallenkirchen von Landshut und Dingolfing, wie die hoheitsvolle Madonna in der Landshuter Martinskirche oder die zahlreichen Marienfiguren überall draußen im Land, heiter manchmal oder gütig und voll gesammelter Kraft, meist aber von liebenswürdiger Schönheit.
Von den wenigsten Künstlern dieser Zeit, die in dem vom Alltag bäuerlichen Lebens geprägten Landstrich um die Isar nun bis ins letzte Dorf Kirchen bauen oder als Maler und Bildhauer tätig sind, kennt man allerdings den Namen. Ihre Schöpfungen aber sind oft Kunstwerke von hohem Rang und das keineswegs nur dort, wo die Verbindung zum wohlhabenden Adel oder zum Herzogshaus so offensichtlich ist wie bei der Jenkofener Kirche nahe Landshut. Dort findet man nicht nur die Reste eines gotischen Flügelaltars der Landshuter Schule – zierlich, fast höfisch-elegant die Figuren –, da kniet als Stifter auch Herzog Heinrich der Reiche in voller Rüstung auf einem der Glasgemälde, die in ihrer glühenden Farbigkeit zum Besten gehören, was diese Zeit in Niederbayern hervorbrachte.
Ein nicht nur in künstlerischer Hinsicht interessanter spätgotischer Altar steht im schlichten Backsteinbau der Kirche von Usterling bei Landau. Dort läßt der ›Meister von Reisbach‹, dem der gegen 1520 entstandene Flügelaltar zugeschrieben wird, die Taufe Christi vor dem ›Wachsenden Stein von Usterling‹ stattfinden: vor einer jener ›Steinernen Rinnen‹, bei denen die Sinterbildung stark kalkhaltiger Quellen zum Anwachsen schmaler Kalktuff-Felsen führt. Wahrscheinlich schuf der Bildhauer damit die älteste Abbildung der ungewöhnlich hohen Usterlinger Rinnenwand – länger als zwanzig Meter fließt das im Volksglauben als heilkräftig und wunderwirkend geltende Quellwasser in einer Höhe von vier Metern – und die vielleicht früheste Darstellung eines derartigen schon immer bestaunten und in Niederbayern höchst seltenen Naturwunders.

*Was Landshut, die Hauptstadt Niederbayerns, bis heute prägt, dieser auftrumpfende und doch gelassene Bürgerstolz, der zur Zeit der Spätgotik die ganze Stadt erfaßt haben muß: nirgends wird er auf so eindrucksvolle Weise deutlich wie rings um St. Martin.*
*Die Häuser mit ihren der Straße zugewandten Giebelfronten – gotisch im Kern, auch wenn spätere Zeiten einiges dazugetan haben – wirken zwar auch anderswo in Landshut wie aus dem Modellbaukasten mittelalterlicher Stadtherrlichkeit. Doch ist es diese 1389 über den Resten einer romanischen Vorgängerin begonnene und gegen 1500 vollendete Kirche, die das damalige, auch im Widerstand gegen den Herzog erstarkende Selbstbewußtsein der Landshuter noch sinnfälliger macht als alles andere: Ihr atemberaubend kühn emporsteigender Turm wurde bei all dem bürgerlichen Ehrgeiz mit seiner Höhe von 130,6 Metern ja nicht nur zum höchsten, mit Ziegelsteinen aufgemauerten in ganz Europa. Das sechs Meter hohe Kreuz zu oberst oben, goldglänzend auf goldener Kugel, überragt um ein geringes sogar noch die Dächer der herzoglichen Burg.*

*Landau gehört zu den zahlreichen Städtegründungen Herzog Ludwigs I., des Kelheimers. Im Gegensatz zum unteren Siedlungsbereich wurde nur der durch vier marktartig breite Straßen erschlossene, auf dem Hochufer gelegene obere Ortsteil befestigt und 1304 zur Stadt erhoben. Dort lag auch das später vor allem als Jagdschloß genutzte herzogliche Schloß. Von ihm blieb außer dem steilgiebeligen ehemaligen Kastenhof so wenig zurück wie vom übrigen mittelalterlichen Stadtbild: Wurde Landau doch in allen wittelsbachischen Erbfolgekriegen durch Brände verwüstet und 1743 fast völlig eingeäschert. Nur langsam formte sich über den Trümmern die neue, die heutige Stadt, deren Kirchen trotz allem beachtliche Werke der Spätgotik bewahren.*

*In der hügeligen Landschaft des oberen Aiterachtals haben die schlanken Stämme der Pappeln, die auf diesem in der Nähe des Schlosses Tunzenberg entstandenen Bild geradezu südländisch wirken, nicht die gleiche Bedeutung wie weiter nördlich. Dort bilden die Pappelzeilen in der ausgeräumten Bauernlandschaft des Gäubodens oft den einzigen Windschutz zwischen den schier endlosen, maschinengerecht angelegten Feldern.*

*Im Königsauer Moos hat der Gemüseanbau, dem diese Luftaufnahme ihre ungewöhnliche Farbigkeit verdankt, eine jahrzehntelange Tradition.*
*Vor der Regulierung der Isar verlagerte der Fluß auch zwischen Landshut und Landau mit jeder Schneeschmelze sein Bett. Die ganze bis zu vier Kilometer breite Talweitung zwischen dem rechtsseitigen Steilhang und dem flacher auslaufenden linken Ufer war von Flußschlingen und Altwasserarmen durchzogen, die westlich und östlich von Dingolfing artenreiche Moorgebiete entstehen ließen: das Köllnbacher und das Königsauer Moos. Beide hat der hier nach 1950 einsetzende Ausbau der Isar zur Elektrizitätsgewinnung weitgehend trocken gelegt und in intensiv genutztes Agrarland verwandelt, das beim Anbau von Kraut, Sellerie und Gurken hohe Erträge bringt.*

*Bei Dingolfing, zwischen Niederaichbach und Mamming, wird die regulierte Isar von einem schmalen Saum von Auwäldern begleitet. In diesem Flußabschnitt, der längst unter Landschaftsschutz steht, entstand 1978 oberhalb von Gottfrieding ein sogenanntes Stützschwellenkraftwerk, das mit einer Leistung von 5,2 Megawatt nicht allein der Energiegewinnung dient. Es hob auch den Wasserspiegel so weit an, daß die Altwasserarme, die trocken zu fallen drohten, wieder ausreichend Wasser erhielten. Heute bilden die Auwälder gerade in diesem Bereich mit ihren Erlen, Pappeln und Silberweiden, mit ihren schmalen Wasserarmen, Buchten und Inseln eine Landschaft von selten gewordener Ursprünglichkeit.*

*Schaut man aus dem Flugzeug hinunter auf das Werksgelände von BMW und auf den riesigen Parkplatz, der in seiner graphischen Farbigkeit aus der Luft fast wie ein modernes Gemälde wirkt, so versteht man, daß sich der Gedanke an Dingolfing heute für viele in erster Linie mit Nobelkarossen und schweren Motorrädern verbindet.*
*Dabei beginnt die ereignisreiche Geschichte Dingolfings natürlich keineswegs erst mit dem Bau von Autos: seien es nun das Goggomobil des Hans Glas – immerhin das erfolgreichste Kleinauto der deutschen Nachkriegsjahre – oder die prestigeträchtigen Modelle von BMW.*
*Am Anfang steht der schon 770 bezeugte Herzogshof der Agilolfinger unten an der Isar, später ein Marktflecken des Regensburger Hochstifts mit wichtiger Brücke. Ihm gesellte sich nach der Zerstörung der nahen bischöflichen Feste Teisbach im Jahr 1251 die Burgsiedlung der Wittelsbacher oben auf dem Bergsporn hinzu, von der aus sie die Bischöfe so lange bedrängten, bis die Unterstadt genauso in ihren Händen war wie die getrennt ummauerte Oberstadt. Von der Burg Herzog Ottos II., der als der eigentliche Gründer Dingolfings gilt, blieb nichts zurück. Doch erinnern die Pfarrkirche in der unteren Stadt wie der Herzogskasten in der oberen (im Bildvordergrund das Haus mit dem hohen Staffelgiebel) an die erste Blüte Dingolfings im 15. Jahrhundert: beides großartige Schöpfungen niederbayerischer Backsteinbaukunst zur Zeit der Spätgotik.*

*Teisbach kam 1226 durch den letzten Grafen von Teisbach und Frontenhausen an das Hochstift Regensburg. Von da an war die gegen 1180 an strategisch günstiger Stelle auf dem rechten Hochufer der Isar errichtete Burg ein steter Zankapfel zwischen den Regensburger Bischöfen und den Wittelsbacher Herzögen, die sich in ihrer expansiven Territorialpolitik gestört fühlten. Teisbach wurde zerstört und wieder aufgebaut und nach mancherlei Hin und Her im Jahr 1386 schließlich ›samt allen Zugehörungen‹ doch an die Wittelsbacher verkauft, die seit der Mitte des 13. Jahrhunderts im nahen Dingolfing eine befestigte Burgsiedlung besaßen.*
*Ihren mittelalterlichen Charakter hat sich die hochgelegene, durch ein schmales Tal vom Ort getrennte Anlage trotz aller späteren Erneuerungen bemerkenswert gut bewahrt.*

*Zwischen Landshut und Landau ist die Landschaft zu beiden Seiten der Isar völlig anders. Während der sanft ansteigende, von der Sonne verwöhnte nördliche Talhang – bis um 1900 gab es bei Thürntenning sogar einen Weinberg – schon zur flachen Weite des Gäubodens mit seinen maschinengerecht angelegten Feldern ausschwingt, bietet das Gebiet jenseits des bewaldeten südlichen Steilufers noch ein Bild schöner Ursprünglichkeit. In seinem steten Auf und Ab, den schmalen, zur Isar fließenden Bachläufen, den durch Heckenzeilen getrennten Feldern, kleinen Waldungen und verstreut gelegenen Gehöften ist dieser bäuerliche Landstrich typisch für das niederbayerische Hügelland bis hin zur Vils.*

*Die aus dem 160 Meter hohen Kühlturm des bei Ohu gelegenen und damit nur 13 Kilometer von Landshut entfernten Kernkraftwerks Isar II aufsteigende Wasserdampffahne ist vor allem bei kaltem Winterwetter in halb Niederbayern zu sehen.*
*Die Anlage – ein Druckwasserreaktor mit zwei Wasserkreisläufen und einer Leistung von 1410 Megawatt – ging trotz zahlreicher Proteste im Jahr 1988 schließlich doch ans Netz. Sie entstand in nächster Nähe von Isar I (907 Megawatt Leistung), das man 1977 anstelle des alten Kernkraftwerks Niederaichbach errichtet hatte: einer 230 Millionen Mark teuren Anlage, die nach nur 18,3 Tagen Laufzeit im Vollastbetrieb mit großem Aufwand demontiert werden mußte.*

*Die Kirche St. Andreas steht noch heute am Ortsrand von Altheim. Kein Neubau stört das Bild dieser bei all ihrer Schlichtheit eindrucksvollen kleinen Anlage der Spätgotik, auf deren Erbauungszeit die Jahreszahl 1490 am Eingang zum Turm verweist. Es ist vor allem dieser kräftige, quadratische Turm, der mit dem Rotbraun seines unverputzten, durch hohe Blendarkaden gegliederten Ziegelmauerwerks mit dem Weiß des bescheidenen Kirchenschiffs kontrastiert und vor der Weite der beginnenden Felder einen auch von oben unübersehbaren Akzent setzt.*

*Landshut, ›Hut des Landes‹: Burg und Stadt tragen diesen Namen bis im Jahr 1543 die herzogliche Residenz unten in der Stadt entstanden war und die Burg von da an Trausnitz genannt wurde. Beides, Burg und Stadt, sind Gründungen Ludwigs I., des Kehlheimers, dem daran lag den Verkehr, der bei Altheim über die Brücke des Regensburger Bischofs zog, isaraufwärts über sein eigenes Territorium umzuleiten. 1204 gründete er die Stadt und begann zu ihrem und der Brücke Schutz (Hut) mit dem Bau der Burg, die mit Bergfried und Äußerem Torbau, mit Palas und Kapelle die ausgedehnte Anlage bis heute prägt, auch wenn sie – seit 1255 Residenz der Herzöge von Niederbayern – erst unter den ›Reichen Herzögen‹ (1393-1503) und Wilhelm V. (1568-1597) endgültig ihr heutiges Gesicht erhielt.*

*Nicht minder großartig als diese Burg ist die von St. Martin so mächtig überragte mittelalterliche und dabei höchst lebendige Stadt zu ihren Füßen: die Häuser steilgiebelig gereiht entlang von ›Altstadt‹ und ›Neustadt‹, den beiden marktartig breiten, durch sieben Quergassen miteinander verbundenen Straßenzügen, die parallel auf das seit 1209 bezeugte Hl.-Geist-Spital und den Isarübergang zulaufen. Eine hinreißende Kulisse für das farbenfrohe, sinnenfreudige Fest, mit dem die Landshuter alle vier Jahre an das glanzvollste Ereignis in der Geschichte ihrer Stadt erinnern: an die Hochzeit des Jahres 1475 zwischen Georg dem Reichen und der polnischen Königstochter Hadwiga.*

*Schloß Kronwinkl ist Stammsitz der Grafen von Preysing, einer Familie, die zur Barockzeit zu den bedeutendsten Bayerns zählte. Ursprünglich gehörte die Gegend um ›Chrawinchel‹ dem Kloster Tegernsee, als dessen Lehensleute die Preysing – sie hatten dem Kloster als Entgelt alljährlich ein Fohlen zu überlassen – im 12. Jahrhundert ihre Burg auf dem Hochufer der Isar errichteten.*
*Im 17. Jahrhundert ging der Besitz an die 1664 in den Reichsgrafenstand erhobene Hohenaschauer Linie über, deren Mitglieder sich von da an ›Grafen von Preysing, Freiherrn zu Altenpreysing, genannt Kronwinkl‹ nannten und dem noch immer recht wehrhaft wirkenden Schloß mit seinem romanischen Bergfried im wesentlichen das heutige Aussehen gaben.*

*Eching – sichtbar am oberen Bildrand – wurde nach verheerenden Hochwasserkatastrophen im Jahr 1702 an die heutige Stelle verlegt. Inzwischen liegt der Ort, dessen Kirche schon im 9. Jahrhundert erwähnt wird, samt seinem barocken Kirchenneubau am Rand eines ausgedehnten Stausees: Wurde doch zusammen mit dem Bau des Kraftwerks Uppenborn II der hier weite Talboden der Isar – bis ins 20. Jahrhundert noch kurz vor Landshut ein ungebärdiger und sein Bett ständig verlagernder, immer wieder über die Ufer tretender Gebirgsfluß – im Zug des zur Stromgewinnung zwischen 1921 und 1929 erfolgten Ausbaus vieler Flüsse des Alpenvorlands in einen Stausee mit stark wechselndem Wasserstand verwandelt.*

*Der als ›Vogelfreistätte Mittlere Isarstauseen‹ unter Naturschutz stehende Uppenborn-Stausee oberhalb von Landshut ist mit seinen verschilften Ufern und den auf Grund des stark wechselnden Wasserstands mehr oder weniger großen, mehr oder weniger dicht bewachsenen Inseln zu einem wahren Paradies der Wasservögel geworden. Nicht nur Fischreiher und Kormoran, zahlreiche Entenarten sowie Bläß- und Teichhuhn lassen sich hier beobachten. Auch viele zum Teil seltene Limikolen sind zumindest als Wintergäste oder Durchzügler anzutreffen.*

*Nur dem Blick von hoch oben aber bietet der Stausee im wechselnden Licht des Jahres und Tages derart ungewöhnliche Bilder, die in ihrer Struktur und Farbigkeit immer aufs neue bestechen.*

*Neufraunhofen bietet noch heute das Bild einer altbayerischen Hofmark: Zu der weitläufigen, um 1750 barockisierten Schloßanlage, deren Innenhof von der schwungvollen Einturmfassade der Schloßkirche dominiert wird, gehören neben dem ausgedehnten Park auch recht umfangreiche Wirtschaftsbauten.*
*Die Fraunhofer zählten schon im 13. Jahrhundert zu den größten Grundbesitzern des oberen Vilstals. 1394 erwarb Wilhelm von Fraunhofen auch das Gut der Schenken von Öd, das er umbauen ließ und Neufraunhofen nannte. Lag es doch nur wenige Kilometer von Altfraunhofen entfernt, dem heute verödeten Stammsitz der Familie, die im Spätmittelalter mit ihrer reichsunmittelbaren Herrschaft zu einer der bedeutendsten Niederbayerns aufstieg.*

*Der Marktplatz von Vilsbiburg, breit und langgestreckt von der Vils zum Oberen Tor hin ansteigend und gesäumt von noblen, pastellfarbenen Bürgerhäusern, ist einer der schönsten Niederbayerns. Er stand auch am Anfang der Neugründung des 13. Jahrhunderts, die von den Wittelsbachern angelegt wurde, nachdem sie die weiter flußabwärts befindliche Brücke und Zollstation des Salzburger Bischofs auf ihr eigenes Territorium verlegt hatten.*
*Die Marktsiedlung, der die Lage an der für die niederbayerischen Herzöge so wichtigen Straße von Landshut nach Burghausen zugute kam, wurde schon bald von einem hufeisenförmigen Mauerring mit zwei Toren umgeben. Von ihm blieb nicht viel mehr zurück als das Obere Tor, das zusammen mit dem Turm der Spitalkirche den Marktplatz höchst wirkungsvoll nach Norden abschließt.*

*Die Maisernte läßt auf diesem Feld in der Nähe von Vilsbiburg ein Bild entstehen, das in seiner Graphik, betrachtet man es von oben, an die Schöpfungen so mancher Landart-Künstler erinnert.*

*Das zwischen Reisbach und Simbach gelegene Höherskirchen zählt zu jenen kleinen Kirchweilern, die recht typisch sind für das stellenweise noch weitgehend ursprünglich wirkende Hügelland südlich der Vils mit dem sanften Auf und Ab seiner Wiesen und Felder, den von Weiden und Erlen begleiteten Bachläufen und den kleinen Waldstücken zuoberst auf den Kuppen.*
*Die Anhöhe von Höherskirchen dürfte schon im 8./9. Jahrhundert besiedelt worden sein, eine Annahme für die auch das Martinspatrozinium der erst 1491 errichteten spätgotischen Kirche spricht. Nur wenig später entstand die Friedhofsbefestigung, deren kräftiges Torhaus hinüberschaut zu dem teilweise noch aus dem 17. Jahrhundert stammenden, von Streuobstwiesen umgebenen ›Mesnergütl‹.*

*Aldersbach wurde um 1120 als Augustiner-Chorherrnstift gegründet. Das damals noch weithin versumpfte Tal der unteren Vils erschien den Chorherrn allerdings so unwirtlich, daß sie die Neugründung schon wenige Jahre später den Ebracher Zisterziensern überließen.*
*Heute empfängt die Kirche des 1803 aufgehobenen Klosters den Besucher mit einer großartigen, 1746 entstandenen Turmfassade, die samt ihrer figurenreichen Portalanlage auf die überwältigende, so recht niederbayerische Prachtentfaltung des Inneren einstimmt. Dort entstand um 1760 bei all der verschwenderischen Fülle der Stukkaturen, der Farbigkeit der Fresken und des überall schimmernden Goldes nichts Überladenes oder Erdrückendes, sondern dank der Brüder Asam einer der großen Kirchenräume des bayerischen Barock.*

*Der Anbau unter Folie verwandelt im Frühjahr westlich von Aldersbach so manches Feld in ein hell schimmerndes, in seiner strengen Regelmäßigkeit überraschend schönes Kunstgebilde.*

## Zwischen Vils und Inn

# Östliches Hügelland

›Land der Schlösser und heilenden Wässer‹ hat man den Osten Niederbayerns einmal genannt. Mit ihrem sanften Gehügel wirkt die Landschaft zwischen Vils und Inn nicht viel anders als um die Isar: Wiesen und Felder und kleine Waldstücke in stetem Wechsel, zahlreiche Bachläufe auch hier. Nur die Weiler und die Einödhöfe scheinen weiter auseinanderzuliegen, scheinen noch stattlicher zu sein als jenseits der Vils. Seit die neuen rationelleren Agrartechniken Einzug hielten, die sich mit den überlieferten Formen des Arbeitens und Wohnens schlecht vertragen, fiel zwar manch prächtiges Stockhaus und mancher alte Vierseithof dem modernen Wirtschaften zum Opfer. Die von Obstgarten und Heimweide umgebenen Höfe – mancher länger als ein halbes Jahrtausend im Besitz der gleichen Familie – sind jedoch noch immer charakteristisch für das trotz der neuen Gewerbe- und Industrieansiedlungen bis heute bäuerlich geprägte Land um Kollbach und Rott, das in aller Regel von den ›liberi‹, von jenen Freien besiedelt wurde, die als Wehr- und Rodungsbauern das Land erschlossen und unter den Pflug nahmen.

Im frühen Mittelalter war das Gebiet großenteils in Händen der Grafen von Vormbach, deren Stammsitz am unteren Inn lag. Teile ihres Besitzes um Inn und Donau erbten 1158 die Grafen von Ortenburg. Dem rheinfränkischen Geschlecht der Sponheim angehörend, die mit kurzer Unterbrechung von 1090 bis 1170 Markgrafen von Istrien und 1122-1276 Herzöge von Kärnten waren, zählen die Ortenburger zu den ältesten Dynastengeschlechtern Bayerns. Im 13. Jahrhundert herrschte der rote ortenburgische Panther, der noch heute, steil aufgerichtet und nun von schwarzer Farbe, die Hälfte des niederbayerischen Wappens füllt, von der Grafschaft Ortenburg und den ihr zugehörigen 42 Lehen bis hinauf nach Eger und hinunter ins Tiroler Brixental. Noch waren die Ortenburger länder- und einflußreicher als die Wittelsbacher, von denen sie schon bald überflügelt werden sollten. Schließlich blieb ihnen nicht viel mehr als die kleine reichsunmittelbare Grafschaft um den niederbayerischen Stammsitz, die den bayerischen Herzögen und Königen eine stete Herausforderung blieb und als einzige in Bayern bis zum Jahr 1805 überdauerte.

Als Lehensträger und Ministerialen der großen Grafengeschlechter und der Hochstifte konnte sich daneben eine ungewöhnlich große Zahl kleinerer Adelsfamilien behaupten, voran die weitum begüterten Closen. ›Der adl wont auf dem land außerhalb der stet, vertreibt sein zeit mit hetzen, paißen, jagen; reiten nit zu hof...‹ so beschreibt Aventin das Dasein des niederbayerischen Landadels. Der Wohlstand und das Selbstbewußtsein der damaligen Hofmarksherrn spiegelt sich noch heute in den landauf, landauf

*Schönau, das um 1170 mit Arnoldus de Sconnuove erstmals auftaucht, war früh Mittelpunkt einer Hofmark, die seit 1671 ohne Unterbrechung im Besitz der Freiherrn Riederer von Paar ist.*
*Wie die mittelalterliche, nur noch im Kern erhaltene Anlage ist auch das jetzige Schloß von einem breiten Wassergraben umgeben. Doch machten die Veränderungen des 19. Jahrhunderts, vor allem aber die Umbauten, die zwischen 1900 und 1903 nach den Plänen des Münchner Architekten Gabriel von Seidl vorgenommen wurden, aus der ursprünglichen Wasserburg jenes Ineinander von Gebäuden, das heute so romantisch inmitten des ausgedehnten, in englischem Stil angelegten und nun unter Landschaftsschutz stehenden Parks liegt.*

zu findenden Schlössern. Heiter und festlich in ihrem Renaissance- und Barockgewand, wirken sie wie die Verkörperung einer Kunst- und Prachtliebe, die ihre Bodenhaftung nie verlor.

Dem Rottal kam immer eine gewisse Sonderstellung zu. An der Rott saß nach der Landesteilung von 1255, bei der in Pfarrkirchen das obere Viztumamt eingerichtet wurde, einer der vier Stellvertreter des niederbayerischen Herzogs. Im Rottal entzündete sich der Aufstand der Bauern, die sich 1705 unter Führung des Gerichtsschreibers Sebastian Plinganser aus Pfarrkirchen und des Studenten Georg Meindl, ausgerüstet mit Morgensternen, mit Spießen, Gabeln und Haken gegen die kaiserlich-österreichische Besatzung erhoben. Auf den Talweiden der Rott waren die meist braunen, großen und kräftigen ›Rottaler Füchse‹ daheim, die man als besonders gute Arbeitstiere, aber auch als feurige und ausdauernde Traber schätzte und deren Zucht bis zum letzten Krieg ein gewichtiger Wirtschaftszweig war. Heute ist man zwar nicht mehr ganz so ›roßdamisch‹, so vernarrt in die wohlgenährten, glänzend gestriegelten Rösser wie um die Mitte des 19. Jahrhunderts, als sich mancher Rottaler Großbauer ›eigene Rennbuben‹ hielt und seine Pferde ›zu jedem Rennert‹ der näheren und weiteren Umgebung schickte. Doch wenn im September beim fünftägigen Karpfhamer Fest halb Niederbayern auf den Rottwiesen zusammenkommt und wie jedes Jahr das traditionelle Zehner-Gespann paradiert, so sind neben den gestandenen Mannsbildern selbst die Frauen und Kinder auch heute mit viel Pferdeverstand und Begeisterung bei der Sache.

Am bekanntesten wurde das Rottal jedoch weit über Niederbayern hinaus dank der Blitzkarriere des ›Rottaler Bäderdreiecks‹. Griesbach mit seinem Dreiquellenbad, Birnbach – das ländliche Bad, Bad Füssing: alles Badeorte, die es vor ein paar Jahrzehnten noch gar nicht gab. Charakteristisch, und darauf ist man fast so stolz wie auf die legendäre Heilwirkung der Thermalwässer, die bis zu 64° C heiß aus dem Boden sprudeln, ist die seit Jahrhunderten in sich ruhende, bäuerliche Landschaft ringsum, die mit Feldern, Wiesen und Wäldern gleich neben Kurpark und Hotel beginnt; auch jenes fast schon etwas österreichisch eingefärbte Lebensgefühl, jene gelassene Ruhe, mit der man ›die Kirche im Dorf läßt‹ und die Kur zwar ernst, aber doch nicht allzu ernst nimmt.

Bei Neuhaus mündet die Rott in den Inn, der seit 1816, als das Innviertel endgültig österreichisch wurde, die einzige markante Grenze Niederbayerns bildet. Die Ausläufer des Bayerischen Waldes schieben sich hier nach Süden vor, noch immer bedeckt vom ausgedehnten Neuburger Wald, einem alten Bannwaldgebiet voller Buchen, Eichen und Fichten. Hier, wo sich der Inn bis zum Bau der Staustufe Passau-Ingling im Jahr 1965 strudelnd und voller Stromschnellen in der steilwandigen Vornbacher Enge durch die Barriere aus Granit und Gneis zwängte, strömt er nun gelassen und ruhig der Donau zu.

*Bad Birnbach, das ›ländliche Bad‹ im Rottaler Bäderdreieck, ist seit dem 9. Jahrhundert als Pfarre bezeugt. Nach 1673 war es mit seiner befestigten Kirche Mittelpunkt einer kleinen Hofmark. Dreihundert Jahre später stand der bäuerlich geprägte Ort vor einer völlig neuen Entwicklung: Traf man doch mit der Bohrung des Jahres 1973 in einer Tiefe von 1618 Metern auf eine Thermalquelle mit 64° C warmem Mineralwasser, bestens geeignet für die Behandlung aller rheumatischen Erkrankungen und Gelenkleiden.*

*Heute besitzt Bad Birnbach ein ausgedehntes, allen Ansprüchen genügendes Kurzentrum. Dorf und Bad und ländliches Umland aber sind, wie geplant, aufs glücklichste miteinander verwachsen: Überall und nicht nur an den Freiluft-Becken, über denen in den Wintermonaten ständig kleine Dampfwolken hängen, ist die Nähe der Natur sicht- und spürbar geblieben.*

*Der Rundbau von St. Magdalena in Hausbach ist eine der interessantesten Kirchen der Gegend, ein Bau, der mancherlei Rätsel aufgibt. Straße und Bahnlinie trennen ihn heute vom Ufer der Donau, die hier, ein paar Kilometer unterhalb von Vilshofen aufgehört hat die Grenze zu bilden zwischen dem dunklen Grün des Waldes und der fruchtbaren Felderweite des Gäubodens.*
*Der einst der Muttergottes geweihte, mit einem Durchmesser von 14,6 Metern nicht gerade große Zentralbau mit dem steilen, spitzen Kegeldach – der Turm entstand erst im 17. Jahrhundert – wirkt mit seinen Spitzbogenfenstern und dem von einer Mittelsäule und acht Wandpfeilern getragenen Gewölbe des Inneren ganz gotisch. Dabei handelt es sich im Kern um eine romanische Rotunde des frühen 12., wenn nicht des 11. Jahrhunderts, deren Mauerwerk bis zu 4,5 Meter hoch erhalten blieb. Nur Vermutungen lassen sich darüber anstellen, ob es sich ursprünglich um eine Tauf- oder Pilgerkirche handelte.*

*Haidenburg, dessen Gründung einem Ministerialen des Regensburger Bischofs zugeschrieben wird, gehörte im Mittelalter zum reichen Grundbesitz der Grafen von Hals. Über die Landgrafen von Leuchtenberg und die Fraunberger zum Haag kam Haidenburg in den Besitz der in Niederbayern reich begüterten Closen, in deren Händen die Herrschaft bis weit ins 18. Jahrhundert verblieb.*
*Wolf Friedrich von Closen war es, der 1608 anstelle der mittelalterlichen Burg – sie wurde bis auf die der hl. Anna geweihte Kapelle abgetragen – den heutigen Renaissancebau mit seinem arkadengeschmückten Innenhof und dem mächtigen Nordtrakt errichten ließ, der nach dem verheerenden Brand des Jahres 1871 ganz im romantisierenden Geist der Zeit mit hohem Staffelgiebel wiederhergestellt wurde.*

*Baumgarten, im 12. Jahrhundert Sitz eines gleichnamigen, mit den Grafen von Hals verwandten Geschlechts, war im Mittelalter eine durch Blutbann und Hochgericht ausgezeichnete Herrschaft: Übertrugen die Wittelsbacher diese doch erst 1473 an das ›Viztumamt an der Rott‹ mit Sitz auf Burg Reichenberg bei Pfarrkirchen. Von der ursprünglichen Burg ›Pomgarten‹ blieb außer Mauerresten nicht viel übrig. Die jetzige Anlage mit den zum Hof geöffneten Arkaden ist im wesentlichen ein noch immer von Graben und Mauer umzogener Bau des 16. Jahrhunderts, der zusammen mit der 1796 errichteten Schloßkapelle am Rand der Ortschaft liegt.*

*Mariakirchen erlebte seine größte Blüte im 16. Jahrhundert unter den ebenso tatkräftigen wie unternehmungslustigen Closen, die seit dem 13. Jahrhundert kollbachaufwärts im nahen Arnstorf saßen.*
*1348 hatten die Closen die Burg Gern bei Eggenfelden erworben, nach der sie sich von da an Closen von Gern nannten. Sie wurden Freiherrn, Reichsgrafen und Erbmarschälle von Niederbayern und besaßen in Arnstorf schließlich sogar zwei Schlösser. Um 1550 ließen sie sich auch in Mariakirchen anstelle der mittelalterlichen Wasserburg das vierflügelige, noch immer von Wassergräben umgebene Schloß errichten, das mit seinen Ecktürmen und dem kräftigen Torturm bis heute kaum verändert aufrecht steht, wurden doch nach dem Brand von 1842 nur die Turmhelme abgetragen.*

*Mit dem Wiederaufbau des Schusteröderhofs in den Jahren nach 1965 legte die Marktgemeinde Massing den Grund zum ersten Freilichtmuseum Niederbayerns. Es will mit seinen historischen Bauten die tief verwurzelte bäuerliche Kultur dokumentieren, deren stattliche Vierseithöfe für den Landstrich südlich der Donau so lange typisch waren.*
*Die Luftaufnahme zeigt den aus Kerneigen im Landkreis Rottal-Inn stammenden Kochhof aus dem 18. Jahrhundert: Der geschlossene Vierseithof besteht aus dem Blockbau des Wohnstallhauses mit doppeltem Schrot (Balkon), in dem auch die Pferde untergebracht waren; dem gegenüberliegenden Stallgebäude für Schweine und Kühe; dem Stadel und dem schräg stehenden Wagenschupfen. Im Außenbereich befinden sich Bienenhaus, Backofen, Hausgarten und die Brunnenanlage mit dem Windrad und den hölzernen Leitungen zum Wohnhaus und zum Stall.*

*Eggenfelden, heute neben Pfarrkirchen die bedeutendste Stadt des Rottals, taucht in den Urkunden erstmals gegen 1140 mit Rewin von Etinvelt auf, einem Ministerialen der Grafen von Kraiburg-Ortenburg. Wahrscheinlich veranlaßten die Wittelsbacher, die Eggenfelden im Jahr 1259 zusammen mit der Grafschaft Kraiburg erworben hatten und denen die Mauteinnahmen des Rottübergangs sehr wichtig waren, wenig später den Bau einer Befestigung. Jedenfalls verpflichtete Herzog Stephan II. die Bürger gut hundert Jahre später zur Vollendung des Mauerrings und zur ›Besserung‹ der drei Tore, wofür er ihnen sogar Steuererleichterungen gewährte.*
*Heute steht allein das Gropper-Tor aufrecht, das den kleinen dreieckigen Fischbrunnenplatz abschließt. Doch läßt sich die einstige Ummauerung im Grundriß der Stadt noch immer gut erkennen, die vom hohen Backsteinturm der gotischen Pfarrkirche so eindrucksvoll beherrscht wird.*

*Mittelpunkt der Altstadt Pfarrkirchens ist der vom Backsteinturm der Pfarrkirche überragte langgestreckte Marktplatz, typisch niederbayerisch in seiner Weite. In schöner Staffelung und mit den gerade abschließenden Frontwänden der Inntalbauweise begleiten ihn die Häuser, die manchmal noch die hofseitigen Laubengänge des 16./17. Jahrhunderts besitzen. 1966 stellte die Stadt ein bronzenes Roß auf diesen Platz, das daran erinnert, wie wichtig die Rottaler Pferdezucht für die Pfarrkirchner war, die 1895 die erste Trabrennbahn Bayerns bauten und deren Pferdemarkt bis zum letzten Krieg einer der größten weit über Niederbayern hinaus war.*
*Schon im 9. Jahrhundert genannt und seit 1257 Markt, war Pfarrkirchen seit den Tagen Herzog Heinrichs VIII., der 1255 die nahe Burg Reichenberg zum Sitz des ›Viztums an der Rott‹ machte, als ›Haupt- und Bannmarkt‹ für Jahrhunderte auch Mittelpunkt eines ausgedehnten, bis Kufstein und ins Innviertel reichenden Verwaltungsbezirks. Trotzdem wurden die Befestigungen, von denen das 19. Jahrhundert nicht viel mehr zurückließ als den nun baumbestandenen Wall, erst 1558 vollendet.*
*Auch Reichenberg hat man 1803 abgebrochen. Das nur ein paar Kilometer von Pfarrkirchen entfernt über dem Rottal gelegene Thurnstein (oben), dessen mittelalterliches Aussehen eine Karte des Gerichts Reichenberg von 1540 überliefert, präsentiert sich dagegen als ansehnlicher Edelsitz des 17./18. Jahrhunderts.*

*Triftern und Kößlarn (oben) liegen nur ein paar Kilometer von einander entfernt im Hügelland südlich der Rott. Da wie dort stand am Beginn ein Einödhof. Die Entwicklung der beiden Marktflecken hatte jedoch ganz unterschiedliche Gründe.*
*Der schon vor 1300 bestehende Edelhof Triftern verfügte früh über die niedere Gerichtsbarkeit. So wurde der offensichtlich recht umfangreiche Gebäudekomplex – im Bereich der Pfarrkirche ist er noch nachweisbar – zum Ausgangspunkt jenes regionalen Gewerbe- und Handelsmittelpunkts, dessen behäbiger Wohlstand im reizvollen Bild des typischen Straßenmarkts bis heute deutlich wird.*
*Kößlarn kam dagegen die Wallfahrt zugute, die rasch zu einer der beliebtesten Niederbayerns aufblühte, nachdem der Ortenburger Graf der Legende nach im Jahr 1364 in einem Wacholderbusch nahe des Köstlhofs ein wundertätiges Marienbild entdeckt hatte. Die mehrfach erweiterte Kirche inmitten ihres im 15. Jahrhundert errichteten eindrucksvollen Befestigungsrings – sie war reich genug sich 1488 eine der silbernen Madonnenfiguren des Passauer Goldschmieds Balthasar Waltensberger zu leisten – blieb Mittelpunkt der Ortschaft, obwohl die Wallfahrt während der Reformationszeit zum Erliegen kam.*

*Bad Füssing hat sich innerhalb weniger Jahrzehnte vom einfachen Bauerndorf zu einem der beliebtesten Kurorte Deutschlands entwickelt.*
*Nur ein paar Kilometer trennen dieses Thermalbad, das heute alles bietet, was der moderne Kurgast zu seinem Wohlbefinden benötigt, von einem wahren Paradies der Wasservögel. Schon im 19. Jahrhundert hat man begonnen den unteren Inn zu bändigen. Doch stauten erst die nach 1939 errichteten Wasserkraftwerke den wasserreichsten Fluß des bayerischen Voralpenlandes zu jenen großen Seen auf, deren ökologisches Gleichgewicht sich inzwischen weitgehend eingependelt hat. Heute bildet diese Natur aus zweiter Hand mit ihren Altwasser-, Schilf- und Auwaldgebieten, den dichtbewachsenen Inseln, den Sandbänken und flachen Uferzonen zwischen Simbach und der Staustufe Egglfing das Naturschutzgebiet ›Vogelfreistätte Unterer Inn‹, in dem mehr als die Hälfte aller in Europa lebenden Vogelarten beobachtet werden können.*

*Zum Bild Rotthalmünsters gehört nicht nur der langgestreckte, in sanfter Steigung vom Kößlarner Bach heraufkommende Marktplatz, der die Bedeutung des Handels für die inmitten eines bäuerlichen Umlandes gelegene Siedlung deutlich macht. Kaum weniger wichtig für die Entwicklung des Ortes war die bis in romanische Zeit zurückreichende und nach 1452 ausgebaute Kirche, die 1733 ihren prächtigen barocken Turmhelm erhielt. Sie war lang der eigentliche, befestigte Mittelpunkt des im Jahr 1158 erstmals erwähnten Marktfleckens und entstand an der Stelle jenes 737 bezeugten Nonnenklosters, das schon während der Ungarnstürme des 10. Jahrhunderts zugrunde ging und an das nur mehr der Name Rotthalmünster erinnert.*

*Schloß Schönburg ist eine höchst gelungene Schöpfung des ländlichen Barock und Rokoko.*
*Auf dem Höhenrücken am Rand der Pockinger Heide besaßen die seit 1120 bezeugten Schönburger schon im Mittelalter eine Burg, die als ›kunstvolles Gebäu‹ galt. Trotzdem ließ Georg Adolf Freiherr von Schönburg 1676-1680 einen Neubau errichten: das Herrenhaus des jetzigen Schlosses mit seinen kurzen Seitenflügeln und der doppelgeschossigen Verbindung zur gotischen, nur wenig später barockisierten Schloßkirche. Vollendet wird das Gesamtbild der Anlage durch das reizvolle, Mitte des 18. Jahrhunderts dazugekommene Torhaus, das, langgestreckt und ebenfalls dreiflügelig, zum Hauptbau hin ein kleines Gartenparterre entstehen läßt.*

*Dieses in der Nähe von Tettenweis entstandene Bild ist typisch für die Landschaft um die mittlere und untere Rott: Wiesen und Felder und kleine Waldstücke folgen in dem von zahlreichen Bachläufen zergliederten Hügelland in stetem Wechsel dem sanften, kaum merklichen Auf und Ab der Täler und Höhen. Weit verstreut liegen die oft von Obstbäumen begleiteten Einödhöfe inmitten ihrer Ländereien.*

*Griesbach war durch die Jahrhunderte ein wichtiger herzoglicher Verwaltungssitz, nachdem es den Wittelsbachern im Jahr 1248 gelungen war die seit 1076 bezeugte Burg der Ortenburger Grafen samt ihrem Umland zu erwerben.*
*Mit der Entdeckung der 60° C warmen Nikolausquelle begann im Jahr 1973 ein völlig neuer Abschnitt in der Geschichte der hoch über dem Rottal gelegenen Siedlung. 2,5 km vom Ortskern mit seinem stolzen, ganz der niederbayerisch-wittelsbachischen Tradition verhafteten Marktplatz entfernt, entstand das ›Dreiquellenbad Griesbach‹ mit seiner großzügigen Badelandschaft. Sehr bewußt geplant und gebaut, sieht sich das jüngste unter den deutschen Kurzentren gern als ›Nobelbad von mondänem Zuschnitt‹, in dem eine Thermalkur ›zu gesundem Spaß und First-class-Vergnügen‹ wird.*

*Ortenburg war bis in die jüngste Zeit eine protestantische Enklave inmitten kernkatholischen Landes. Hatte doch Joachim Graf von Ortenburg im Jahr 1563 für sich und seine 2000 Untertanen den neuen Glauben eingeführt.*
*Wenige Jahre später ließ er auch den niedergebrannten Stammsitz der Familie auf dem schmalen Bergsporn über dem Wolfachtal wieder errichten: eine durchaus wehrhaft wirkende Anlage, die nicht allein mit dem eleganten Arkadendoppel des Innenhofs und der schönsten Kassettendecke Niederbayerns im ehemaligen Festsaal bis heute etwas von dem Anspruch und der hochgemuten Gesinnung dieses Renaissance-Fürsten spürbar werden läß, der einem der ältesten, den Wittelsbachern durchaus ebenbürtigen Geschlechter Bayerns entstammte.*

*Das in der Nähe von Ruhstorf gelegene Schloß Kleeberg ist einer jener kleinen, liebenswürdigen Adelssitze, die typisch sind für das südliche Niederbayern.*
*Schon im Jahr 1398 wird ein Simon Munster de Cleberg genannt. Von der mittelalterlichen Burg blieb allerdings nichts zurück: Ließ doch, wie die Inschrift im oberen Flur berichtet, ›Hans Wolf von Ruestorf auf Truchtlaching und Poigen‹ das Schloß 1610 völlig neu errichten. Im 19. Jahrhundert hat man die ursprünglich recht umfangreichen Nebengebäude bis auf das Torhaus und den langgestreckten, in Arkaden geöffneten Nordtrakt beseitigt. Kaum verändert aber ist das Ende des 17. Jahrhunderts erneuerte Herrenhaus mit seinen überkuppelten Ecktürmen, von denen der nordöstliche zu doppelter Höhe aufsteigt.*

*Schaut man hinunter auf Schloß Neuhaus am Inn, so erinnert nichts mehr an jene Burg, die Herzog Heinrich XV., der Natternberger, um das Jahr 1320 zum Schutz der wichtigen Brücke über den Inn auf einer künstlichen Insel errichten ließ. Entstand doch auf Wunsch des Kurfürstlichen Hofkammerpräsidenten Ferdinand Maria Reichsgraf v.d. Wahl zwischen 1750 und 1752 nach den Plänen Johann Michael Fischers, des fähigsten Baumeisters seiner Zeit, ein großzügiger spätbarocker Schloßbau von heiterer Liebenswürdigkeit.*
*Nachdem die Erbin des Besitzes, Landgräfin von Fürstenberg, das Schloß am Spieltisch verloren hatte, ging es 1859 an die Englischen Fräulein über und wird bis heute als Schule genutzt.*

*Kloster Vornbach wurde im Jahr 1094 von den mächtigen Grafen von Vormbach gegründet, die den Mönchen wenige Jahre später ihren hoch über dem Inn gelegenen Stammsitz überließen. Abt des Klosters, das zeitweilig eine bedeutende Schreibschule besaß, war im frühen 16. Jahrhundert der Humanist Angelus Rumpler, einer der großen Geschichtsschreiber Bayerns.*

*Die Barockzeit verwandelte die mittelalterlichen Gebäude in eine weiträumige, um vier (heute drei) Innenhöfe errichtete Anlage. Die Kirche erhielt eine schwungvoll-zarte Dekoration und noch 1766-1771 – nur ein paar Jahrzehnte ehe das Kloster 1803 aufgehoben wurde und in private Hände überging – baute man ihre Westfront zur heutigen Doppelturmfassade aus.*

*Neuburg, die ›neue Burg‹ der Vormbacher, entstand nur wenige Kilometer innabwärts an strategisch ausnehmend günstiger Stelle. Kein Wunder, daß der Besitz der Burg durch die Jahrhunderte zwischen Habsburgern und Wittelsbachern heftig umstritten war. 1310 von den Bayern weitgehend zerstört, erhielt die ausgedehnte Anlage erst unter Friedrich dem Schönen – seit 1308 Herzog von Österreich – ihr heutiges Aussehen. Obwohl Niklas Graf von Salm die Burg nach 1529 in ein feudales, durchaus wohnliches Renaissanceschloß verwandelte, wirkt die von einem kräftigen Bergfried bewachte Kernburg noch heute ebenso wehrhaft und eindrucksvoll wie die viertürmige Vorburg.*

## Zwischen Passau und Arber

# Bayerischer Wald

Ein wesentlicher Teil des ›wilden Waldgebirges im Herzen Europas‹ gehört zu Niederbayern. Niederbayrisch ist es dort, wo es um Arber und Großen Falkenstein, um Rachel, Lusen und Dreisessel am höchsten ist; niederbayrisch auch dort, wo es mit dem Nationalpark Bayerischer Wald am wildesten, am ursprünglichsten ist.

›Das ist nicht ein Wald, wie sonst einer‹ schrieb Georg Britting einmal. Und das beginnt schon mit den unterschiedlichen Namen, die dieses Waldgebirge, das zu den ältesten der Erde zählt, im Lauf der Jahrhunderte trug. Bei Aristoteles (um 300 v. Chr.) und Ptolemäus (150 n.Chr.) ist vom Herkynischen Wald und von Gabreta silva die Rede, zur Zeit Ludwigs des Deutschen vom Nortwald. Spätestens nachdem Phillipp Apian den ganzen Gebirgszug in seiner um 1568 gedruckten Landkarte, der ersten Bayerns, als ›Behemisch waldt‹ bezeichnete, bürgerte sich dann der auch schon früher auftauchende Name Böhmerwald ein. Erst seit der Mitte des 19. Jahrhunderts spricht man vom Bayerischen Wald diesseits und vom Šumava (der Rauschende) oder Cesky les (Tschechischer Wald) jenseits der deutsch-tschechischen Grenze. Für die Waldler, für die Menschen, die hier daheim sind, ist alles eins. Sie sehen im ›Woid‹, dem Wald, eine der selbstverständlichsten Gegebenheiten des Lebens, so selbstverständlich, daß es einer zusätzlichen Unterscheidung gar nicht bedarf.

Im 8./9. Jahrhundert begannen die Mönche der zum Teil schon von den Agilolfingern gegründeten Donau-Klöster, voran jene Niederaltaichs, in zäher Anstrengung rodend in den nahezu menschenleeren ›Nortwald‹ vorzudringen. Bajuwarische Bauern waren schon früher von Passau aus der Ilz waldeinwärts gefolgt. Im großen und ganzen aber blieb das Gebirge, das als herrenlose Wildnis eigentlich Königsgut war, bis um das Jahr 1000 ein weithin jedem Herrschaftszugriff offenes, unbeanspruchtes Gebiet. Neben den Klöstern waren es dann die aufstrebenden Bischöfe von Regensburg und Passau und die kleine, vom 11. Jahrhundert an auch urkundlich greifbare Gruppe von Hochadeligen – die Diepoldinger, Pabonen und Vormbacher, vor allem aber die Grafen von Bogen – von denen die Erschließung des Waldes systematisch vorangetrieben wurde und deren Ministerialen vom Regen und von der Donau her weiter und weiter in die unwegsame Wildnis vordrangen. Überall standen schließlich ihre Burgen. Manchmal kennt man heute nur noch die Namen, manchmal finden sich wie in Hals oder Weißenstein mehr oder weniger umfangreiche Ruinen. Nur im Einflußbereich der Passauer Fürstbischöfe blieb der wehrhafte Charakter der ursprünglichen Anlagen oft selbst dort erhalten, wo man, wie in Aicha v. Wald und Rathmannsdorf, in Englburg, Wolfstein und Fürsteneck, später

*Das an einem Winternachmittag auf dem Flug von St. Englmar nach Wiesenfelden entstandene Bild zeigt im Blick nach Süden auf exemplarische Weise die kulissenartig hintereinandergestaffelten, von Südost nach Nordwest verlaufenden und nirgends höher als 1100 Meter werdenden Höhenzüge des Vorderen Bayerischen Waldes, die noch heute weithin mit Wald bedeckt sind. Am Horizont ist über dem Dunst der Donauebene und des Alpenvorlandes die ganze Kette der nördlichen Kalkalpen erkennbar.*

umbaute und erneuerte. Viele dieser Burgen wurden im Zug des Ausbaus der bischöflichen Territorialherrschaft und zum Schutz des ›Abteilandes‹ errichtet, das für die Passauer Bischöfe dank der Mauteinnahmen aus dem Salzhandel mit Böhmen bis ins 16. Jahrhundert eine der wichtigsten Einnahmequellen blieb. Zählten doch die hier verlaufenden Säumerwege des ›Goldenen Steigs‹, auf denen zeitweilig allwöchentlich 1300 bis 1400 mit Salzscheiben beladene Saumpferde unterwegs waren, und denen auch die landsuchenden Bauern folgten, zu den bedeutendsten Handelswegen im mittelalterlichen Bayern.

Die ›an unzulänglichen und übermäßig öden Orten‹ gelegenen Wälder galten noch 1640 als ›unnütze, verlorene, tote Sache‹. Dabei gehörte die Nutzung des Waldes von eher zum Leben im Bayerischen Wald. Holz brauchte jeder, wenn auch in recht unterschiedlicher Menge: der Bauer in Haus und Hof so gut wie die Köhler und Pechler, die Sägemüller, Holzdrahthobler, Schindler und Siebrandmacher; auch die vielen Häuslleut', die den Winter über schnitzten; allen voran aber die wandernden Glashütten, von denen im 15. Jahrhundert zum erstenmal die Rede ist.

Der Wald und sein Holz, dazu der Lebenswille und die zähe Arbeitskraft, das waren für die Waldler durch die Jahrhunderte der einzige Reichtum. Die Landwirtschaft, das Ackerl und die paar Wiesen, die Kuh im Stall und die wenigen Schafe und Geißen, die man halten konnte: zu wenig war es oft zum Leben und zu viel zum Sterben für die kinderreichen Familien. Nicht umsonst hieß es ›Dreierlei Leut gibt's im Woid, arme Leut, Bettelleut und solche, die gar nix ham‹. Noch dazu wüteten die Kriege hier oft weit schlimmer als südlich der Donau. Das gilt für die Einfälle der Hussiten wie für den Dreißigjährigen Krieg, in dem Überfälle, Plünderungen und Brandstiftungen kein Ende nahmen, Hungersnöte das Ihre taten und allen voran die Schweden eine Spur sinnloser Verwüstung hinterließen. Nicht weniger verheerend waren der Spanische und nicht zuletzt der Österreichische Erbfolgekrieg, dessen Greuel bis heute unvergessen sind und bei dem vor allem die Panduren unter ihrem Obristen Franz Freiherr von Trenck brennend und mordend durchs Land zogen.

Längst hat auch der Bayerische Wald Anschluß gefunden an die neue Zeit. Der wirtschaftliche Aufschwung und der moderne Tourismus haben viel verändert. Geblieben aber ist der Zauber der Landschaft mit ihren Wiesen und kleinen Äckern, dem schier endlosen Hintereinander der walddunklen, im Blau der Ferne verschwimmenden Höhenzügen, den kühlfeuchten Schluchten und den von Erlen und Birken begleiteten Talgründen, in denen sich das Wasser über ein Gewirr von Felsblöcken seinen Weg zur Donau sucht. Geblieben ist abseits der großen Straßen auch noch etwas von jener menschenfernen Stille und Ursprünglichkeit, die das bis heute größte zusammenhängende Waldgebiet Europas, dieses Wäldermeer im Nordosten Niederbayerns, so lang prägten.

*Passau ist eine Stadt in der natürliche Lage und menschliches Zutun sich in geradezu südländischem Charme ergänzen. Wie der Bug eines Schiffes schiebt es sich mit Rathaus und Dom und den Türmen von Kloster Niedernburg und St.Michael zwischen das Blau der Donau – dunkler und ins bräunliche spielt es so kurz nach der Mündung der aus dem Wald kommenden Ilz – und das kühlere, manchmal milchig schimmernde Grünblau des Inn: schmale Gassen, wenige Plätze, eng geschachtelt die Dächer und die hellen, gerade abschließenden Fassaden der pastellfarbenen Häuser.*
*Seit fast zweieinhalb Jahrtausenden leben hier Menschen. Auf das Boiodurum der Kelten folgte die römische Niederlassung gleichen Namens und das Kastell der Cohors IX Batavorum, kurz Batavis genannt. Erst später wurde daraus Bazzava, das heutige Passau. Und das liegt nun höchst lebendig zwischen seinen Wassern, ist Universitätsstadt, baut Straßen und Wohnblocks, greift weiter und weiter hinaus ins Land.*

*Passau war früh, vielleicht schon zu Anfang des 5. Jahrhunderts Bischofssitz. Im 10. Jahrhundert gelang es Piligrim, so ehrgeizig wie weitblickend, den kirchlichen und weltlichen Machtbereich seines Bistums bis weit in den Balkan auszudehnen und 1217 waren die Passauer Bischöfe bereits Reichsfürsten. Kein Wunder, daß die bischöfliche Residenz südlich des Doms – als ›palatium bataviense‹ 1188 erstmals genannt und durch die Jahrhunderte den steigenden Ansprüchen angepaßt – fast wie eine Stadt in der Stadt wirkt (oben).*
*Seit karolingischer Zeit lebte in Passau aber auch eine selbstbewußte, wohlhabende Bürgerschaft, die nicht willens war den Bischof als Stadtherrn anzuerkennen. Schon Bischof Ulrich II. begann daher 1219 mit dem Bau einer Burg auf dem Felssporn zwischen Ilz und Donau, die von Anfang an weit eher als Zwingburg gegen die selbstherrlichen Bürger Passaus gerichtet war als gegen äußere Feinde. Mehr als einmal mußten die Fürstbischöfe Zuflucht in ihrer Feste Oberhaus suchen, die bis heute durch einen Wehrgang mit der Feste Unterhaus verbunden ist. Mehr als einmal wurde die Stadt von dort oben beschossen. Letztlich aber zerschellte die bürgerliche Angriffslust an den immer wieder verstärkten Befestigungen dieses wehrhaften Baus, der noch im 19. Jahrhundert militärische Bedeutung hatte. Passau blieb eine geistliche, eine bischöfliche Stadt, bis es durch die Säkularisation zu Bayern kam.*

*Die Burgruine Hals liegt dort, wo sich die Ilz kurz vor ihrer Mündung in einer tief eingeschnittenen, ungewöhnlich engen Doppelschleife den Weg zur Donau bahnte: Eine landschaftliche Situation, die eine Befestigung geradezu herausforderte. So entstand denn auch auf dem steil abfallenden, schmalen Felsrücken, der die südliche Engstelle abriegelt, die Stammburg der späteren Grafen von Hals, denen es gelang im 13./14. Jahrhundert zu einem der mächtigsten Dynastengeschlechter Niederbayerns aufzusteigen.*
*1517 ging Hals in den Besitz der Wittelsbacher über. Ihre Pfleger wohnten schon 1662 nicht mehr in der hochgelegenen, unbequemen Burg, die nach 1742 rasch verfiel, heute aber dank ihrer beachtlichen Mauerreste und der Lage hoch über dem klaren, dunklen Wasser der Ilz selbst als Ruine höchst eindrucksvoll wirkt.*

*Obernzell, der langgestreckte Straßenmarkt am Ufer der Donau – altbaierisch breit und in bunter Folge gesäumt von pastellfarbigen Häusern – entstand wahrscheinlich um eine von Vornbacher Mönchen gegründete Zelle. Die Siedlung erhielt als Eigentum der Passauer Fürstbischöfe 1359 Marktrechte und entwickelte sich rasch zu einem wichtigen Umschlagplatz: Amberger und Steyrer Eisen wurde hier ›abgeworfen‹ und zu den Hammerwerken im unteren Wald weitergeleitet. Die von den Sägewerken angelieferten Bretter verfrachtete man vor allem donauabwärts.*
*Den wichtigsten Wirtschaftszweig bildetete jedoch durch die Jahrhunderte die von den Fürstbischöfen eifrig geförderte Verarbeitung von Graphit und Ton. Sie machte den Ort, der schon um 1530 Hafnerzell genannt wurde, neben dem Kröning zum wichtigsten Töpferzentrum Niederbayerns. Eine Tatsache, an die heute nur mehr das Keramikmuseum im ehemaligen Schloß der Passauer Fürstbischöfe unten am Fluß erinnert.*

*Fürsteneck gehörte zu den ersten Burgen, die unter dem Passauer Bischof Wolfker von Ellenbrechtskirchen im Zug des beginnenden Ausbaus der bischöflichen Territorialherrschaft im Bayerischen Wald um das Jahr 1200 errichtet wurden. Noch heute beherrscht die ansehnliche Baugruppe der nun als Hotel-Restaurant genutzten Burg, die immer wieder erneuert wurde und bis zur Säkularisation im Besitz des Hochstifts blieb, mit ihrem massigen Bergfried höchst eindrucksvoll den bewaldeten Bergsporn, den die Wolfsteiner Ohe in einer engen Schleife umzieht.*
*Die Gegend um Fürsteneck ist einer der landschaftlichen Glanzpunkte des Unteren Bayerischen Waldes, für den die tief eingeschnittenen, von bewaldeten Steilhängen (Leiten) begleiteten Flüsse und Bäche ebenso typisch sind wie das im Gegensatz zum Inneren Wald mildere Klima und die stärkere landwirtschaftliche Nutzung. Wie großartig die Arbeit eines Landwirts in diesem heute ebenso feld- und wiesen- wie waldreichen Landstrich von oben aussehen kann, das beweist dieses in der Nähe von Neureichenau entstandene Bild, das in seiner Graphik an die eindrucksvollsten Schöpfungen mancher Landart-Künstler erinnert.*

*Waldkirchen, das um 1300 als Hauptort des Passauer Abteilandes mit Markt- und Stapelrechten für Salz bezeugt ist, war einer der wichtigsten Orte an der ›Via Prachatitz‹, dem vielbegangenen und ältesten Zweig des ›Goldenen Steigs‹. Bis ins 16. Jahrhundert zählten seine von Passau nach Böhmen führenden Saumpfade zu den bedeutendsten mittelalterlichen Handelswegen Bayerns.*
*Selbst nach dem Niedergang des Salzhandels konnte sich der rührige Markt – Waldkirchen ist erst seit 1972 Stadt – etwas von seiner alten Bedeutung bewahren. Immer wieder von Bränden und Kriegen heimgesucht, zuletzt noch 1945, kam dem Ort lang die Lage auch an der ›Klafferstraße‹ zugute, auf der die Viehhirten der ungarischen Pußta ihre Ochsen bis Nürnberg trieben, zum Teil aber schon auf den vielbesuchten Viehmärkten Waldkirchens losschlugen.*

*Fürholz, in dessen Nähe unser Bild entstand, war lang die letzte Mautstelle an der ›Via Prachatitz‹ und der Ort, an dem die Säumer mit ihren Tieren in 643 Metern Höhe noch einmal Unterkunft und Verpflegung fanden, ehe sie endgültig nach Böhmen aufbrachen. Schmal und von keinem Fuhrwerk benutzbar, ohne Rücksicht auf Steigungen oder Gefälle, führten ihre Wege über die Wiesen, die Knüppelpfade der Hochmoore und schließlich durch eine schier undurchdringliche Waldwildnis.*
*Nachdem Kaiser Heinrich II. im Jahr 1010 den Benediktinerinnen des Klosters Niedernburg in Passau den Landstrich nördlich der Donau übereignet hatte, der später als sogenanntes Abteiland in den Besitz des Passauer Hochstifts überging, erfolgte auch die Besiedlung des östlichen Bayerischen Waldes zunächst entlang dieser alten Säumerwege des Goldenen Steigs.*

*Fürstenstein ist eine jener eng beieinanderliegenden Burgen, denen das ›Dreiburgenland‹ im Norden Passaus seinen Namen verdankt: Von der Saldenburg blieb nicht viel mehr zurück als der mächtige Kubus des mittelalterlichen Wohnturms. Ausnehmend wohlerhalten wirken dagegen Fürstenstein und Englburg (Foto Seite 2), beides Burgen, die ursprünglich zum ausgedehnten Besitz der Grafen von Hals gehörten, später aber häufig in andere Hände übergingen.*
*Die umfangreiche Fürstensteiner Anlage ist vor allem vom Ausbau unter Ortolf von Schwarzenstein zu Englburg geprägt, der 1570 anschließend an das blockhaft strenge mittelalterliche Oberschloß das ›heruntere Schloß‹ um den trapezförmigen Innenhof errichten ließ. Auch die umfassende Wiederherstellung nach dem Brand von 1836, der Fürstenstein weitgehend einäscherte, hat nichts grundlegend verändert.*

*Nördlich Vilshofen durchzieht die Autobahn Regensburg – Passau eine Landschaft, die rund 100 Meter höher liegt als das Donautal und flachwellig allmählich zu den Höhen des Inneren Bayerischen Waldes ansteigt. Rasch wechseln in diesem Landstrich, der im 11. Jahrhundert zu den Besitzungen des Bamberger Bischofs nördlich der Donau gehörte, die kleinen Acker-, Wiesen- und Waldflächen. Noch heute beschränkt sich die Besiedlung weitgehend auf Einzelhöfe und kleine Weiler.*

*Der mit seinem hohen Sendemast unverkennbare, 1016 Meter hohe Brotjacklriegel (eigentlich Breiter Jägerriegel) verdankt seinen Namen den Landvermessern, die den ›Broadn Jagariegl‹ der Einheimischen völlig mißverstanden. Er ist der südlichste jener für den Vorderen Wald recht charakteristischen Höhenrücken, die – breitausladend und langhingezogen – Riegel genannt werden und nur selten höher als 1000 Meter sind.*

*Im Mittelalter gehörte auch das Gebiet um den Brotjacklriegel zu jenem Teil des Bayerischen Waldes, in dem die Interessen der Grafen von Bogen, von Vormbach und von Hals aufeinanderprallten und in dem schließlich auch die Passauer Bischöfe ihre Ansprüche mit Nachdruck vertraten. Vor allem Bischof Wolfker von Ellenbrechtskirchen (1190-1204) ließ zur Sicherung des hochstiftischen Besitzes eine ganze Reihe Burgen errichten, darunter auch die an der Nordgrenze des Abteilandes gelegene Burg Wolfstein (oben). Die 1590 erneuerte Anlage auf ihrem schmalen, vom Saußbach umflossenen Bergsporn diente zeitweilig als bischöfliches Jagdschloß und Verwaltungssitz. Heute beherbergt sie, am Stadtrand von Freyung gelegen, das Jagd- und Fischereimuseum des Landkreises Freyung-Grafenau.*

*Bei Hohenau, wo unser winterliches Bild entstand, hat die Landschaft, ähnlich wie um die nahegelegene Ortschaft Kreuzberg, noch einen Rest jener Heckenzeilen bewahrt, die in weiten Teilen des Bayerischen Waldes so lange zum unverwechselbaren Bestand der bäuerlichen Kulturlandschaft gehörten. In dieser Höhenlage – Hohenau liegt 806 Meter hoch – sind es vor allem Baumhecken.*
*Generationen hindurch klaubte man die Steine aus Wiesen und Äckern und schichtete sie entlang der Flurgrenzen zu Steinmauern. Bald überzogen Moose und Flechten die Felsbrocken, Birke und Esche, Vogelbeerbaum, Haselnuß und Heckenrose begannen zu wachsen, Himbeer- und Brombeersträucher wucherten: Es entstand jene artenreiche Lebensgemeinschaft von Pflanzen und Tieren, die zusammen mit der Verbesserung des Windschutzes und des Mikroklimas letztlich auch der Landwirtschaft zugute kommt.*

*In Finsterau entstand in den Jahren nach 1978 das landschaftlich ausnehmend schön gelegene ›Freilichtmuseum Bayerischer Wald‹.*
*Mit seinen hierher versetzten Höfen und Einzelbauten – darunter die stattliche Dreiseitanlage des Kappelhofs mit den flach geneigten, steinbeschwerten Legschindeldächern, das bis 1978 bewohnte Kleinbauernhaus ›Sachl‹ und der verhältnismäßig große Petzi-Hof – will es das bäuerliche Leben im Bayerischen Wald dokumentieren, so, wie es Jahrhunderte hindurch ganz selbstverständlich war, nun aber schon der Vergangenheit angehört. Da man die Häuser, die Einrichtungen und Geräte glücklicherweise in der Form übernommen hat, in der sie zuletzt benutzt wurden, wird die ganze Härte und Bescheidenheit deutlich, die das Dasein im Wald bis in die Zeit nach dem Zweiten Weltkrieg prägte.*

*Der 1373 Meter hohe Lusen ist dank der hellen, von gelbgrünen Flechten besiedelten Blockhalde seines Gipfels eine der auffallendsten und markantesten Berggestalten des Bayerischen Waldes.*
*Wie der 80 Meter höhere Rachel liegt auch der Lusen in der Kernzone des im Jahr 1970 gegründeten Nationalparks Bayerischer Wald, der heute zusammen mit dem Nationalpark Šumava jenseits der deutsch-tschechischen Grenze fast 1000 qkm des größten, geschlossenen Waldgebirges in Mitteleuropa unter strengen Schutz stellt. Dieses Gebiet soll jeder menschlichen Nutzung und Beeinflussung entzogen werden. Auch wenn Wind- und Schneebruch große Flächen verwüsten oder die Massenvermehrung des Borkenkäfers wie in den letzten Jahren die Fichten hängeweit absterben läßt – die am Lusen und im Rachelgebiet (oben der Rachelsee) entstandenen Fotos zeigen sie nebeneinanderstehend wie graue Gerippe –, soll der Nationalpark mit Wachsen, Vergehen und neuem Werden allein der natürlichen Entwicklung überlassen bleiben. Künftigen Generationen möchte man so ein Stück unberührter Natur und einen Rest jenes ›wilden Waldes im Herzen Europas‹ erhalten , von dem um 300 v.Chr. schon bei Aristoteles die Rede ist und um dessen mystische Geheimnisse sich von alters her Sagen und Legenden ranken.*

*Schönberg hat seinen Namen nicht umsonst: Frei und sonnig liegt es auf dem langgestreckten Höhenrücken zwischen Mitternacher und Großer Ohe. Geradezu südländisch wirken die Häuser, deren Architektur die Schönberger Händler wohl bei ihren Fahrten nach Passau schätzen lernten. Mit Grabendächern und hochgezogenen Fassaden, die dem Inneren Wald eigentlich fremd sind, begleiten sie den S-förmigen, lang hingezogenen Straßenmarkt, der noch immer an die große Bedeutung erinnert, die dem Handel hier von jeher zukam. War das an der Straße von Passau nach Regen gelegene Schönberg, das Ende des 13. Jahrhunderts von den Grafen von Hals Marktrechte erhielt, mit seinen Wochen- und Jahrmärkten, vor allem aber mit den vielbesuchten Ochsenmärkten im April und Juni – bis aus Augsburg und Ulm kamen zeitweise die Aufkäufer – lange Zeit doch ein vielbesuchter und bedeutender Marktort.*

*Schaut man hinunter auf die Rinchnacher Ohe und sieht man, wie sie sich noch ganz natürlich durch ihr waldumstandenes Tal schlängeln darf, so mag man sich auch an den hl. Gunther erinnern. Er entstammte einem hochadeligen Geschlecht, war ein Vetter Kaiser Heinrichs II., war Diplomat und kaiserlicher Berater ehe er im Jahr 1006 ›der Welt widersagte‹ und sechs Jahre später als Niederaltaicher Mönch in den Wald zog, dorthin, wo er nahezu undurchdringlich war. Die Frauenbrünnlkapelle (Foto auf S.4), die mehr als 750 Jahre später an der Stelle entstand, an der sich der Legende nach Gunthers erste Klause befand, liegt noch heute in völliger Einsamkeit inmitten des Rinchnacher Waldes. An der Rinchnacher Ohe aber entstand bald jenes Waldkloster, von dem aus weite Teile des Inneren Waldes erschlossen wurden und dessen Kirche sich im frühen 18. Jahrhundert in ein lichtes Kleinod barocker Kunst verwandelte.*

*Die Ruine Weißenstein thront wie verwachsen mit dem hellen Fels auf der höchsten Erhebung des ganzen Pfahl. Ursprünglich eine im frühen 13. Jahrhundert errichtete Burg der Grafen von Bogen, kam Weißenstein im Jahr 1308 als Wittelsbacher Lehen an die Herren von Degenberg. Für sie wurde Weißenstein zum Mittelpunkt eines dreihundertjährigen höchst erfolgreichen Kampfes um Macht und Besitz. Als ihnen Kaiser Friedrich III. im Jahr 1465 die Freiherrnwürde zuerkannte, erstreckten sich ihre Ländereien schon wie ein kleines Fürstentum entlang der böhmischen Grenze. Im Böcklerkrieg zerstört und rasch wieder aufgebaut fiel Weißenstein erst mit dem Tod des letzten Degenbergers im Jahr 1662 zurück an die Wittelsbacher. Die Burg wurde Sitz eines Pflegers und 1742 von den Panduren endgültig zur Ruine gemacht.*

*Noch um einiges großartiger als der Ausblick, den man vom Bergfried der Ruine Weißenstein hat, ist der Blick vom Flugzeug hinunter auf die im herbstlichen Licht geradezu parkartig wirkende Landschaft südlich der Burg.*
*Vom Flugzeug aus sieht man auch wie verwegen Weißenstein hineingebaut war in das schmale Quarzriff des Pfahl und wie wenig von der Burg überdauerte außer dem mächtigen, turmartigen Bau in der ehemaligen Vorburg. Mit seinem Roman ›Das fressende Haus‹ hat der baltische Dichter Siegfried von Vegesack diesem lang als Getreidekasten für den Zehnten der Gerichte Weißenstein und Zwiesel genutzten Bau ein eindrucksvolles literarisches Denkmal gesetzt.*

*Regen verdankt sein Dasein den Benediktinern des Klosters Rinchnach, die im Zug ihrer Rodungstätigkeit während des 11./12. Jahrhunderts im noch weithin unerschlossenen Nordwald eine Reihe von Siedlungen gründeten. Der am rechten Ufer des Schwarzen Regen entstehenden Ortschaft – 1270 ist sie Markt, seit 1932 Stadt – kam die Lage an der alten Handelsstraße von Deggendorf ins Böhmische zugute, die hier den Fluß querte und Regen zu einem ausgesprochenen Handelsort machte.*
*Eine schwere Heimsuchung bedeutete vor allem der Dreißigjährige Krieg, in dem der Ort dreimal gebrandschatzt wurde. Wiederaufgebaut mußte danach auch die Pfarrkirche werden, die das Rechteck des Marktplatzes und das ganze Ortsbild bis heute mit jenem mächtigen Westturm beherrscht, der ursprünglich als Wehrturm der mittelalterlichen Friedhofsbefestigung diente.*

*St. Hermann ist sicher die älteste und beliebteste Wallfahrtsstätte des Bayerischen Waldes. In der Gegend um Bischofsmais, die zugunsten der touristischen Erschließung einiges von ihrer Ursprünglichkeit verloren hat, wirken ihre drei von Baumgruppen und Sumpfwiesen umgebenen, eng beieinanderstehenden, dunkel geschindelten Kapellen fast ein bißchen heidnisch, jedenfalls sehr volkstümlich.*
*Um 1322 soll sich der Niederaltaicher Mönch Hermann hier niedergelassen haben, ehe er, von Ratsuchenden allzusehr bedrängt, tiefer in den Wald zog und am Fuß des Rachel starb. Der Platz seiner Einsiedelei mit der schon immer als heilkräftig geltenden Quelle zog mehr und mehr Menschen an. Noch heute hängen die Wände der kleinen hölzernen Eremitenklause voller Votivtafeln, stapeln sich Krücken und hölzerne Gliedmaßen.*

*Der Kalvarienberg von Gotteszell ist ein eindrucksvolles Denkmal barocker Volksfrömmigkeit und eine Erinnerung an die 1285 gestiftete und von den Söhnen Herzog Heinrichs XIII. von Niederbayern eifrig geförderte Abtei Gotteszell, die 1803 säkularisiert wurde. Im Jahr 1629 brannte das immer wieder von Verwüstungen und schweren Bränden heimgesuchte Kloster nahezu völlig nieder. Fast unversehrt fand sich in den Trümmern jedoch das holzgeschnitzte Gnadenbild.*
*Zur Hundertjahrfeier dieses wundersamen Ereignisses veranlaßte Abt Wilhelm II. nicht nur die Barockisierung der Kirche. Er ließ die Anhöhe westlich des Klosters auch in einen Kalvarienberg mit sieben Figurengruppen umwandeln und 1734 in echt barockem Geist eine Heilige Stiege hinzufügen. Die nach 1803 völlig vernachlässigten Anlagen nahe dem Berghansl-Gehöft hat man zusammen mit der Kapelle inzwischen mehrfach erneuert.*

*Die Saulburg, im 12. Jahrhundert eine Burg des Regensburger Bischofs, befand sich nach 1332 zunächst im Besitz der Wittelsbacher. Vor allem Albrecht III., der Fromme, der spätere Herzog von Oberbayern-München (1438-1460), hielt sich als Erbprinz zusammen mit seiner Gemahlin Agnes Bernauer gern in der Burg auf, die hoch oben auf ihrem Bergsporn an drei Seiten vom fast schluchtartig engen Tal eines Quellbachs der Kößnach umgeben wird.*
*Ihr jetziges Aussehen verdankt die Saulburg, heute ein wahres Konglomerat unterschiedlicher Bauten, vor allem den Jahren 1569 – der Neue Wohnbau und die Arkaden des Alten Wohnbaus entstanden damals – und der Zeit um 1750, als der kurbayerische Kommandant im Waldrevier Matern von Septfontaines die äußerlich schlichte, im Inneren aber umso glanzvollere Schloßkapelle errichten ließ.*

*Wie verzaubert wirkt im Licht der untergehenden Sonne die Weiherlandschaft bei Wiesenfelden. Schon im 16. Jahrhundert berichtet Philipp Apian von diesen in den moorigen Niederungen des Falkensteiner Vorwalds vor allem zur Fischzucht angelegten, höchst auffallenden Teichen: Gibt es doch außer den von den Gletschern der letzten Eiszeit hinterlassenen Karseen, zu denen auch die beiden Arberseen und der Rachelsee zählen, keinerlei natürliche Seen im Bayerisch-Böhmischen Wald.*
*Die Herren von Wiesenfelden, die maßgeblich an der im 11. Jahrhundert einsetzenden Erschließung des Vorderen Waldes beteiligt waren, gehörten möglicherweise zu den Dienstmannen des Regensburger Bischofs. Im 14. Jahrhundert saßen auf ihrer Burg aber ebenso bognersche Ministerialen wie im weiter nördlich gelegenen Randsberg. Weitum begütert, zählten die Ramsperger damals zu den angesehendsten Geschlechtern des Bayerischen Waldes. Um 1330 hatten sie sich in nächster Nähe ihrer am Perlbach gelegenen Stammburg Altrandsberg eine neue Burg errichtet: Neurandsberg (oben). Sie wurde im Dreißigjährigen Krieg ebenso niedergebrannt wie Wiesenfelden. Während man aber die dortige Ruine wenig später durch einen im 19. Jahrhundert veränderten, heute vom Bund Naturschutz in Bayern als Bildungsstätte genutzten Schloßbau ersetzte, überließ man Neurandsberg dem Verfall. Von der bedeutenden Burg, in deren Nähe 1698 eine vielbesuchte Wallfahrtskirche entstand, blieben nur Mauern.*

*Das markante, helle Felsband des Pfahl ist bei Viechtach besonders eindrucksvoll zu sehen. Im Lauf der Erdgeschichte riffartig aus dem umgebenden Gestein ausgewittert, durchzieht seine auffallende, stellenweise 20-30 Meter hohe Quarzmauer nahezu das ganze bayerisch-böhmische Gebirge. Die interessante, ziemlich einmalige geologische Erscheinung, die der Volksglaube lang als Teufelswerk betrachtete, entstand vor rund 240 Millionen Jahren: wahrscheinlich aus heißer wässeriger Lösung ausgeschiedener Quarz füllte damals jene tiefe, nahezu geradlinig verlaufende Bruchspalte, die durch die gewaltigen, mit der variskischen Gebirgsbildung verbundenen Spannungen in der Erdkruste entstanden war.*
*Auch das herbstliche Bild des Höllenstein-Stausees entstand in der Nähe von Viechtach, das dank der Furt des ›Baierwegs‹ über den Schwarzen Regen sicher schon lang von Bedeutung war, ehe es in einer Urkunde der Grafen von Bogen aus dem Jahr 1104 erstmals genannt wird. Obwohl der angestaute Schwarze Regen den wildromantischen Charakter des ursprünglichen Flußlaufs verloren hat, scheinen Natur und Landschaft die Eingriffe der Technik hier verhältnismäßig glimpflich überstanden zu haben.*

*Der Arber ist mit seinen 1456 Metern der höchste Berg des Bayerisch-Böhmischen Waldes und zugleich die höchste Erhebung zwischen Alpen und Riesengebirge, zwischen Schwarzwald und Hoher Tatra. Da läßt sich leicht vergessen, daß der ›Arwa‹, wie der Arber bei den Einheimischen heißt, der ›Javor‹ der Tschechen und ›König des Bayerischen Waldes‹ der Touristiker, tatsächlich erst seit dem Bayerisch-Österreichischen Grenzvertrag von 1764 unumstritten zu Bayern gehört.*
*Schon 1806 ließ der Glashüttenbesitzer Freiherr von Hafenbrädl im Gipfelbereich eine kleine Holzkapelle errichten, die als Ziel der Bartholomäuswallfahrt alljährlich viel Volk anzog. Doch vergingen noch fast 80 Jahre, bis mit dem Bau einer ersten Schutzhütte durch den Bayerischen Waldverein jene touristische Erschließung ihren Anfang nahm, die den Arber mit seiner großartigen Aussicht – bei günstigem Wetter reicht sie bis zu den Alpen – heute zum meistbesuchten Berg Nordbayerns und dank rund 150 Tagen mit geschlossener Schneedecke zum beliebtesten Skiberg im Osten des Landes werden ließ.*
*Die Technik hat allerdings nicht nur mit Seilbahn und Sesselliften Einzug gehalten: Auf der abgestumpften Gipfelpyramide mit ihren vier kahlen Gneiskuppen (oben der Richard-Wagner-Kopf) stehen seit 1982 neben dem Sendemast des Bayerischen Rundfunks auch die beiden 16 Meter hohen Kunststoffkuppeln über den Radaranlagen des Militärs.*

# Ortsregister

*Die fettgedruckten Zahlen verweisen auf Abbildungen*